The Builder

Revista para el estudio de la masonería

THE BUILDER

Revista para el estudio de la masonería

Publicado mensualmente por la
National Masonic Research Society

JOSEPH FORT NEWTON

N.º 11

EDICIÓN ORIGINAL	REEDICIÓN ESPAÑOLA
Noviembre, 1915	Octubre, 2024

Edición histórica

Publicado por
MASÓNICA
Ediciones del Arte Real

© 2024 ENTREACACIAS, S.L.

ENTREACACIAS, SL
[Sociedad Editora]
Covadonga, 8
33002 Oviedo - Asturias (España)
info@masonica.es

Primera edición: octubre de 2024

ISSN: 2695-8899
ISBN (edición impresa): 978-84-19985-96-5
ISBN (edición digital): 978-84-19985-97-2
DL: AS 00143-2020

(THE BUILDER es un foro abierto para el debate libre y fraternal. Cada uno de sus colaboradores escribe con su propio nombre y es responsable de sus opiniones. Creyendo que una unidad de espíritu es mejor que una uniformidad de opinión, la Sociedad de Investigación, como tal, no defiende ninguna escuela de pensamiento masónico frente a otra, sino que ofrece a todos por igual un medio para el compañerismo y la instrucción, dejando que cada uno se mantenga o caiga por sus propios méritos).

SUMARIO

--- Nº 11 - Octubre, 2024 ---

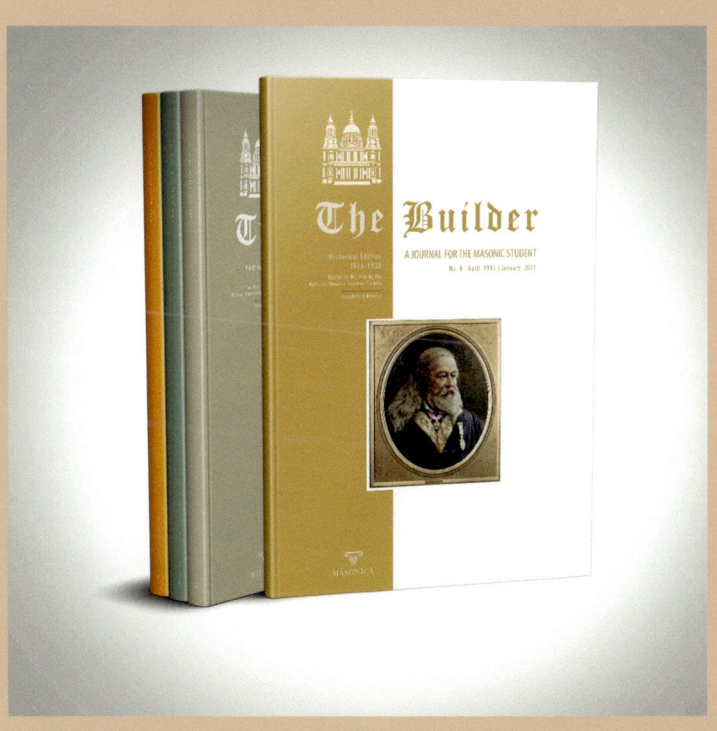

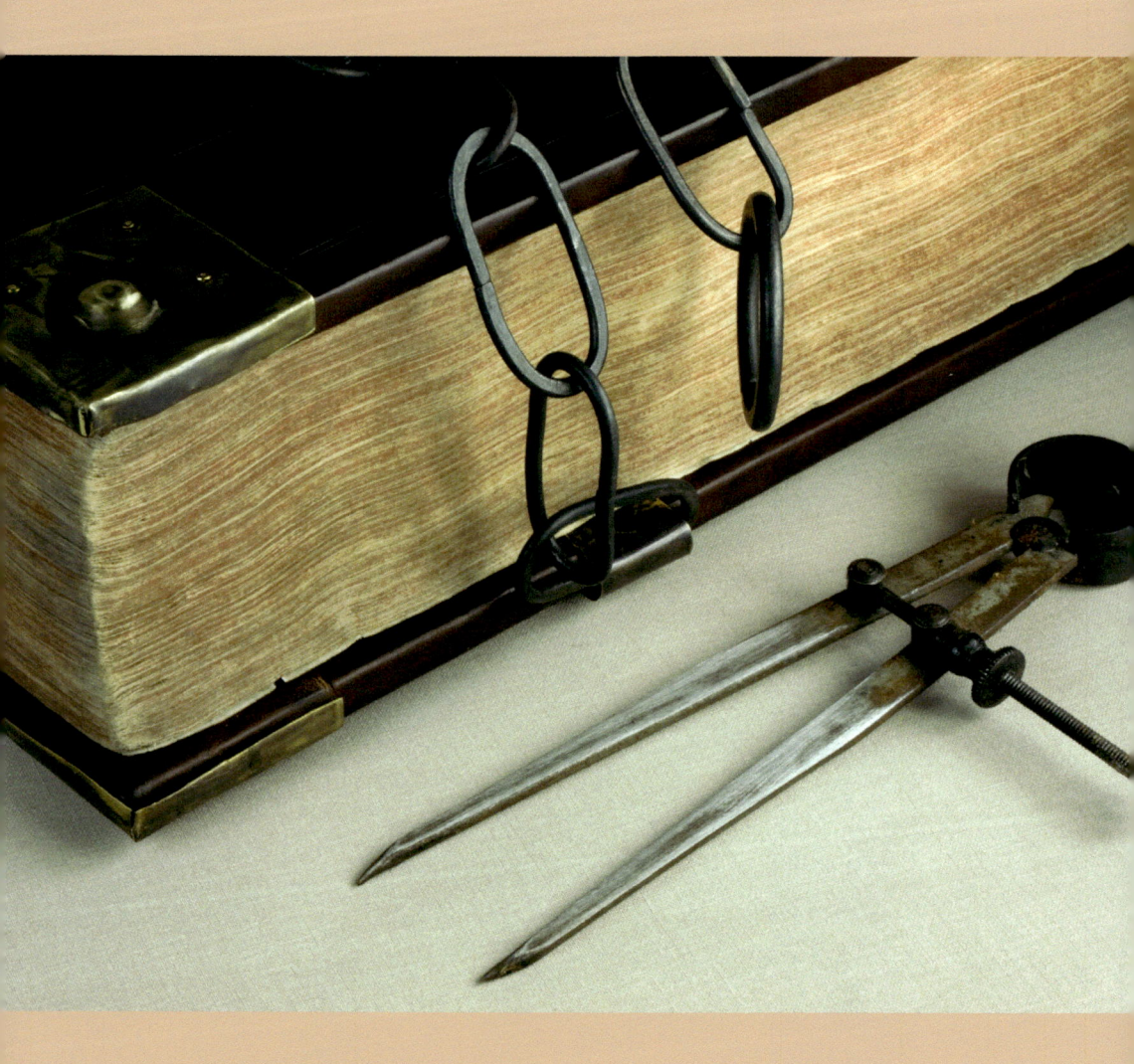

LA BIBLIA EN MASONERÍA

POR EL EDITOR
Joseph Fort Newton

HERMANO Maestro de Ceremonias: El tiempo es un río y los libros son barcos. Muchos volúmenes se inician en esa corriente, sólo para naufragar y perderse sin remedio en sus arenas. Sólo unos pocos, muy pocos, soportan las pruebas del tiempo y viven para bendecir las épocas siguientes. Esta noche nos hemos reunido para rendir homenaje al más grande de todos los libros: el Libro perdurable que ha viajado hasta nosotros desde el lejano pasado, cargado con el tesoro más rico que ningún libro haya aportado jamás a la humanidad. Qué espectáculo ver a quinientos hombres reunidos en torno a una Biblia abierta, qué típico del espíritu y el genio de la masonería, de su fe grande y sencilla y de su benigno ministerio para con la humanidad.

Ningún masón necesita que le digan el lugar de honor que ocupa la Biblia en la masonería. Una de las grandes Luces de la Orden, yace abierta sobre el altar en el centro de la logia.

En él, cada masón hace votos solemnes de amor, lealtad, castidad y caridad, comprometiéndose con nuestros principios de amor fraternal, socorro y verdad. Piensa en lo que significa para un joven hacer tal pacto de consagración en la mañana de la vida, tomando ese viejo y sabio Libro como su guía, maestro y amigo. Luego, a medida que avanza de un grado a otro, las imágenes de la Biblia le resultan familiares y elocuentes, y su música suave e inquietante se abre paso hasta su corazón.

Y sin embargo, como todo lo demás en la masonería, la Biblia, tan rica en simbolismo, es en sí misma un símbolo, es decir, una parte tomada por el todo. Es un símbolo soberano del Libro de la Fe, la Voluntad de Dios tal como el hombre la ha aprendido en medio de los años, esa perpetua revelación de Sí mismo que Dios está haciendo a la humanidad en cada tierra y en cada época.

Así, por el mismo honor que la masonería rinde a la Biblia, nos enseña a venerar todo libro de fe en el que los hombres encuentran ayuda para hoy y esperanza para mañana, uniendo nuestras manos con el hombre del Islam cuando jura sobre el Corán, y con el hindú cuando hace pacto con Dios sobre el libro que más ama.

Porque la masonería sabe, lo que muchos olvidan, que las religiones son muchas, pero la Religión es una, quizás podríamos decir una cosa, pero esa cosa lo incluye todo- la vida de Dios en el alma del hombre, y el deber y la esperanza del hombre que proceden de Su carácter esencial. Por lo tanto, invita a su altar a hombres de todas las creencias, sabiendo que, si usan diferentes nombres para «el Innombrable de cien nombres», están orando al único Dios y Padre de todos; sabiendo, también, que mientras leen diferentes volúmenes, están de hecho leyendo el mismo vasto Libro de la Fe del Hombre revelado en la lucha y el dolor de la raza en su búsqueda de Dios. Así que, grande y noble como es la Biblia, la masonería la ve como un símbolo de ese Libro eterno de la Voluntad de Dios que Lowell describió cuando escribió sus memorables líneas:

Lentamente se escribe la Biblia de la raza, Y no en hojas de papel ni en hojas de piedra; Cada época, cada linaje; le añade un verso, Textos de desesperación o de esperanza, de alegría o de lamento. Mientras el mar se agita, mientras la niebla envuelve la montaña, mientras las olas del trueno estallan en acantilados de nubes, aún a los pies de los profetas se sientan las naciones.

Sin embargo, por mucho que honremos cualquier libro de fe en el que un hombre haya encontrado valor para levantar la mano por encima de la noche que lo cubre y asir la poderosa Mano de Dios, para nosotros la Biblia es suprema. Lo que Homero fue para los griegos, lo que el Corán es para los árabes, eso y mucho más es la gran Biblia para nosotros. Es la madre de nuestra familia literaria, y si algunos de sus hijos han crecido y se han vuelto sabios en su propia presunción, aún se alegran de reunirse en torno a sus rodillas y rendirle homenaje. La Biblia no sólo fue el telar en el que se tejió nuestra lengua, sino que es una fuerza omnipresente, refinadora y redentora que nos ha sido legada, junto con todo lo que es bueno y verdadero, en la fibra misma de nuestro ser. Ni por un día consideramos la Biblia simplemente como un clásico literario, aparte de lo que significa para la fe, las esperanzas y las oraciones de los hombres, y de su imbricación en la vida intelectual y espiritual de nuestra raza.

Hubo un tiempo en que la Biblia constituía casi la única literatura de Inglaterra; y hoy, si se la quitara, esa literatura se haría jirones y jirones. En verdad dijo Macaulay que, si todo lo demás en nuestro idioma pereciera, la Biblia bastaría por sí sola para mostrar toda la gama, el poder y la belleza de nuestro habla.

De ella aprendió Milton la majestuosidad de su canto y Ruskin la magia de su prosa. Carlyle llevaba en la sangre, casi sin saberlo, la rapsodia y la pasión de los profetas: su sentido del Infinito, de la pequeñez del hombre, del sarcasmo de la providencia; como Burns, antes que él, había aprendido del mismo libro de la chimenea la indestructibilidad del honor y la piedad humana de Dios que palpitaban en sus letras de amor y libertad. Así, desde Shakespeare hasta Tennyson, la Biblia canta en nuestra poesía, entona cánticos en nuestra música, resuena en nuestra elocuencia y en nuestra tragedia destella para siempre su verdad sobre lo terrible del pecado, la ternura de Dios y la esperanza inextinguible del hombre.

Hermanos míos, he aquí un Libro cuyo escenario es el cielo y la tierra y todo lo que hay entre ellos; un Libro que tiene en sí el arco de los cielos, la curva de la tierra, el flujo y reflujo del mar, la salida y la puesta del sol, los picos de las montañas y el destello de la luz del sol sobre las aguas que fluyen, la sombra de los bosques sobre las colinas, el canto de los pájaros y el color de las flores. Pero sus dos grandes personajes son Dios y el Alma, y la historia de su vida eterna juntos es su único romance eterno. Es el más humano de los libros, que cuenta los viejos secretos olvidados del corazón, su amargo pesimismo y su esperanza que desafía a la muerte, su dolor, su pasión, su pecado, su sollozo de dolor y su grito de alegría, contándolo todo, sin malicia, en su Gran Estilo que no puede hacer mal, mientras resuena el dulce patetismo de la piedad y la misericordia de Dios. Ningún otro libro es tan honesto con nosotros, tan despiadadamente misericordioso, tan austero y a la vez tan tierno, traspasando el corazón, pero curando las profundas heridas del pecado y del dolor.

Toma este gran y sencillo Libro, blanco por la edad pero nuevo por el rocío de cada nueva mañana, probado por la experiencia dolorosa y victoriosa de siglos, rico en recuerdos y mojado por las lágrimas de multitudes que recorrieron este camino antes que nosotros; tómalo en tu corazón, ámalo, léelo, y aprende lo que es la vida, lo que significa ser un hombre; sí, aprende que Dios nos ha hecho para Él, y que nuestros corazones están inquietos hasta que descansan en Él.

Conviértalo en su amigo y maestro, y sabrá a qué se refería Sir Walter Scott cuando, mientras agonizaba, le pidió a Lockhart que le leyera. «¿De qué libro?», preguntó Lockhart, y Scott respondió: «¡No hay más que un Libro!».

QUE SE HAGA LA LUZ

¡Que se haga la luz! En el oscuro amanecer del mundo
Cuando todas las esperanzas de la tierra dependían de
La propagación de ese resplandor refulgente
Para germinar todas las cosas de abajo,

Entonces las leyes de la sabiduría, por Su mandato
Preparada la mano de la evolución,
Entonces se desgarraron las nubes del caos
Cuando ese decreto de Él fue dado.
¡Que se haga la luz!
¡Que se haga la luz! El edicto se extendió

Cuando nubes que se ciernen con poderes amenazantes,
Por la horripilante mano de la superstición
Se extienden por la tierra de la belleza mística,
Rápido como el relámpago del cielo
Se da el bendito decreto a los mundos,
Y luces que revelan esperanza y amor
Atraviesa las nubes oscurecidas de arriba.
¡Que se haga la luz!
¡Que se haga la luz!

Cuando las naciones se levantan,
Y nubes de guerra se ciernen sobre los cielos,
Cuando estallen los truenos de la batalla
Sobre hermosas llanuras, y el estrago despierta,
Cuando el aliento abrasador de la devastación
Es llevado a través de las tierras en alas de la muerte,
Cuando los horrores del conflicto arrecian
Por todo el universo, por donde pasó

La esencia del Poder Supremo
Encendido con el potente rayo de la gloria
Lo que despertó a la acción, el crecimiento y la fuerza,
Cada átomo dormido en su curso,
Mientras las prodigiosas perspectivas de la vida brillan
Tomó forma al amanecer.
¡Que se haga la luz!
¡Que se haga la luz! En horas oscuras.

¡Que se haga la luz! Por símbolos conocidos
Ese maravilloso decreto se muestra
Expresando el verdadero deseo de cada corazón
Que ilumina la verdad desde el fuego místico
Que arde en cada lugar señalado,
Que esparzan su brillo por toda la raza
Y ellas, en resplandor de belleza encuentran
Pare verdades largamente buscadas por toda la humanidad.
¡Que se haga la luz!
Y dejar sus marcas en la página de la historia
¡Que se haga la luz!

¡Que se haga la luz!
No, no busques más
Para detener cada guerra devastadora
Mientras dejamos las causas de la contienda
 Para quedarse y acosar la vida humana;
Mientras los señores de la guerra amamantan sus sistemas
Para empeorar la condición de la humanidad.
Piensa bien en éstas, en las leyes morales
El cual, violado, dio la
CAUSA

DELFOS
Ediciones de Sabiduría Ancestral
(editorialdelfos.com)

Biblioteca de la Tradición Hermética
Biblioteca Textos Fundamentales de la Humanidad
Biblioteca Mario Roso de Luna
Biblioteca Teosófica
Biblioteca de las Vías del Despertar
Biblioteca Templaria

Anónimo

BHAGAVAD GITA

El Canto
del Supremo

Compilado y comentado por:
Swami B.A. Paramadvaiti y Atulananda Das Adhikary

BHAGAVAD GITA

FUNDACIÓN Y PRIMEROS TIEMPOS DE LA MASONERÍA EN AMÉRICA

Por el Hno. Melvin M. Johnson, Gran Maestro, Massachusetts

CONCLUSIÓN

¿Puedo concluir con unas palabras sobre las recientes reivindicaciones de precedencia de Pensilvania? Después de admitir que las Logias de Pensilvania anteriores a 1734 se fundaron sin Carta Patente, se ofrece un argumento de lo más asombroso en el sentido de que se hicieron regulares confederándose en una Gran Logia. En otras palabras, irregularidad más irregularidad, más aún, más irregularidad es igual a regularidad. Se sostiene que en 1731 estas Logias injustificadas se unieron y formaron una Gran Logia que era «hermana» y no hija de la Gran Logia de Inglaterra. La respuesta completa a este argumento la da la propia Pensilvania. Su solicitud a Price en 1734; su envío a Franklin como apoderado varias veces a la Gran Logia de Boston en los primeros días; su solicitud de nuevo a Massachusetts en 1749; su solicitud inmediatamente después directa a Inglaterra para una Diputación confirmatoria que le fue expedida y aceptada y actuada por ella en 1750; su pago el 10 de abril de 1752, de 31:10:0 a la Gran Logia de Boston como cuota de fundación; su aceptación y acción bajo una Orden recibida de Inglaterra con fecha 15 de julio de 1761; y de hecho todos sus actos masónicos desde 1731 son consistentes sólo con el reconocimiento completo por parte de Pensilvania del hecho de que toda su autoridad masónica legal fluía directa o indirectamente de Inglaterra. Al igual que es de buena ley y de buen raciocinio que un inquilino no puede negar el título de su arrendador, es igualmente de buen raciocinio que una Logia o Gran Logia diputada no puede negar la autoridad de la fuente que emite la Diputación aceptada y ejercida por ella. Después de casi dos siglos de vida masónica durante los cuales ha reconocido a la Gran Logia de Inglaterra como su legítima predecesora, y como el único Cuerpo en el mundo que tenía el derecho primario en aquellos primeros días de emitir Patentes o Diputaciones que cubrieran Pensilvania, es un poco tarde para reclamar por primera vez en 1908 y para que un historiador actual sostenga que «La Gran Logia de Pensilvania era una hermana y no una hija de la Gran Logia de Inglaterra». De hecho, es hija de la Gran Logia de Massachusetts y, por tanto, nieta de la Gran Logia de Inglaterra.

Es totalmente correcto que «el movimiento en Massachusetts no era independiente, sino subordinado a la Gran Logia de Inglaterra». Pero habiendo reconocido Pensilvania en los primeros días una y otra vez que estaba subordinada a Inglaterra y a Massachusetts, ahora es demasiado tarde para que Pensilvania espere que se permita que la novedosa teoría moderna de algunos de sus hijos recientes altere los hechos de la historia.

Pensilvania es una jurisdicción demasiado grande; tiene una historia demasiado grandiosa; es demasiado respetada en el mundo masónico; tiene demasiados derechos a la grandeza masónica y a la preeminencia en muchas direcciones como para rebajarse a estas alturas a menospreciar a Franklin y a otros de sus grandes hombres; a menospreciar a Price; a menospreciar a Massachusetts; y, de hecho, a menospreciar a la propia Gran Logia de Inglaterra con el intento que se está haciendo ahora de distorsionar la historia.

Aunque no concierne particularmente a esta discusión, no puedo dejar pasar sin notar la afirmación del mismo historiador de que la Gran Logia legítima de Inglaterra (que había sido apodada «Modernos») fue suplantada por la organización rival conocida como los «Antiguos» (siendo ésta la Gran Logia cismática), y que tal suplantación ha continuado hasta el presente. Todos los historiadores y estudiantes masónicos imparciales del mundo saben que no es así. En 1813 se produjo la fusión o unión de las dos Grandes Logias rivales de Inglaterra conocidas como «Modernas» y «Antiguas». El día de San Juan Evangelista de 1813 se celebró una ceremonia de unión muy elaborada. La historia de la unión y las circunstancias que la rodearon son detalladas minuciosamente por el hno. Albert G. Mackey en el quinto volumen de su *Historia de la Francmasonería*, capítulo XLIII. En las XXIII Transactions of the Quatuor Coronati Lodge, 215, se encuentra un erudito artículo sobre este tema. La ceremonia de unión figura íntegramente en las Actas de la Gran Logia Unida de Inglaterra, y puede encontrarse también con el Hno. W. J. Hughan en *Memorials of the Masonic Union of A. D. 1813* publicado en 1874; revisado, aumentado y reeditado por la Logia de Investigación en 1913.

Los programas originales de las ceremonias y de la música se encuentran en los archivos de Massachusetts. Tan lejos estaban los «Modernos» de ser suplantados, que su Gran Maestro, el duque de Sussex, se convirtió entonces en el Gran Maestro de la Gran Logia Unida. Llamo la atención sobre esta afirmación sobre todo para que ilustre la importancia que hay que dar a las otras afirmaciones del mismo historiador de las que nos hemos ocupado.

Recapitulando brevemente los hechos, encontramos que antes de 1733 muchas Logias se reunían sin autoridad; que una Comisión regular le fue otorgada a Daniel Coxe para una parte de Norteamérica en 1730, pero que esta Comisión nunca fue ejercida; que después de que la Masonería se convirtió en una Institución organizada y las reuniones de Logias sin una Carta o Patente fueron prohibidas, ninguna autoridad legal fue ejercida en América hasta el 30 de julio de 1733, cuando Henry Price organizó una Gran Logia Provincial en Boston bajo la autoridad que le otorgó el lord vizconde Montague, entonces Gran Maestro de Masones en Inglaterra. Es así que la Gran Logia de Massachusetts es la Gran Logia Madre de América, y que

Henry Price es el «Fundador de la Masonería Debidamente Constituida en América».

NOTA

Massachusetts ha sido reconocida ampliamente y con frecuencia como la Gran Logia más antigua del hemisferio occidental.

No se ha hecho ningún esfuerzo por cotejar los casos de forma exhaustiva, pero algunos de los que me vienen a la mente en el momento en que esto se prepara para la imprenta son los siguientes:

Por Inglaterra. La Gran Logia de Inglaterra ha reconocido con frecuencia que Massachusetts es la jurisdicción más antigua de América. Ya se han mencionado los primeros casos. Más reciente es una carta del Gran Maestro de Inglaterra al Gran Maestro de Massachusetts, fechada el 7 de febrero de 1912, en la que habla de esa Gran Logia como «la Logia más antigua de este continente (Norteamérica), y que originalmente debía su Patente a la Gran Logia de Inglaterra». El caso más reciente es una resolución de la Gran Logia Unida de Inglaterra, aprobada por unanimidad el 2 de septiembre de 1914, que dice lo siguiente:

> Que la Gran Logia expresa su agradecimiento al Muy Venerable Gran Maestro por comunicar la carta que su Alteza Real ha recibido de. M.R. Hermano. Melvin Maynard Johnson, Gran Maestro de Masones de la Mancomunidad de Massachusetts, y desea asociarse al profundo aprecio de Su Alteza Real por las expresiones contenidas en el mismo, como expresión de una sinceridad de sentimiento masónico especialmente bienvenida a la Gran Logia por provenir de su «hijo mayor en el Hemisferio Occidental».

Por Canadá. Véase el discurso del Gran Maestro William David McPherson en el Gran Festival de la Paz, celebrado en Niagara Falls, Ontario, Canadá, el 16 de julio de 1914, que se publicará en el volumen conmemorativo, así como su discurso anual de 1915.

Por Nueva Escocia. Véase *Early History of Freemasonry in Nova Scotia*, del M.R. Hno. Hon. William Ross, Junio, 1910.

Por el Distrito de Columbia. Massachusetts tuvo prioridad en las ceremonias de dedicación del Monumento a Washington, 21 de febrero de 1885. Esto ocurrió tras una audiencia formal de un Comité ante el que Massachusetts y Pensilvania presentaron sus reclamaciones de antigüedad. La decisión fue favorable a Massachusetts.

Por Idaho. M.R. Curtis F. Pike, Gran Maestro de la Gran Logia de Idaho, en una carta al escritor fechada el 8 de abril de 1914, dice: «Se me ocurre mientras escribo que Massachusetts es la Gran Jurisdicción más antigua de América, si mi memoria de la historia masónica es correcta."

Por Indiana. Ver Actas. de mayo de 1852.

Por Luisiana. Véase 11 *Moore's Freemason's Magazine* 167. Por Maine. Véase 1887 Mass. 236.

Por Maryland. En un banquete celebrado en Baltimore, Maryland, en 1885, el representante de Massachusetts fue llamado a responder al brindis «la Gran Logia de Massachusetts, la Gran Logia Madre de la Masonería en América».

Por Missouri. M.R. Van Fremont Boor, Gran Maestro de la Gran Logia de Missouri, en una carta al escritor, fechada el 29 de abril de 1914, se refiere a Massachusetts como «la Gran Jurisdicción más antigua de los Estados Unidos».

Por Pensilvania. Como se ha expuesto en capítulos anteriores. También: El Ven. Alfred P. Reigh, erudito masón y antiguo maestro de la Logia Washington nº 164 de Pensilvania, en una carta fechada el 9 de septiembre de 1852, se refiere a Massachusetts como «la Gran Logia más antigua de los Estados Unidos».

El 16 de junio de 1834, la Gran Logia de Pensilvania, a propuesta de un Comité presidido por el ex Gran Maestro Michael Nisbet, adoptó por unanimidad una resolución «para la celebración del Día de San Juan Bautista, el 24 de junio de 1834», A. L. 5834, siendo el Centenario del Establecimiento de la Primera Logia en Pensilvania, de la cual el Hno. Benjamin Franklin fue el Primer Maestro».

El M.R. D. Nickerson de Massachusetts el 10 de junio de 1903, dijo: «En la época de este Centenario el orador (M.R. George W. Dallas) era el Fiscal General de Pensilvania y ex Senador de los Estados Unidos; posteriormente Ministro en Rusia, Vicepresidente de los Estados Unidos y Ministro en Inglaterra. Fue Gran Maestro Adjunto y seis meses más tarde fue elegido Gran Maestro. Entonces libraba la batalla contra la antimasonería en su Estado. Su padre era un distinguido abogado de Filadelfia, Secretario de la Commonwealth a la muerte de Franklin y Secretario del Tesoro bajo la presidencia de Madison; debió de conocer bien a Franklin, y vivió hasta que el hijo, nacido sólo dos años después de la muerte de Franklin, tuvo veintisiete años. Es sencillamente absurdo afirmar que el orador, en tales circunstancias, no conocía la historia de su Gran Logia, no sabía si estaban celebrando la verdadera fecha del 'establecimiento de la primera Logia en Pensilvania, de cuya Logia el Hno. Benjamin Franklin fue el Primer Maestro'. No es improbable que hubiera Hermanos presentes que hubieran oído la historia de labios del propio Franklin. Sólo habían transcurrido cuarenta y cuatro años desde la muerte de Franklin, y probablemente los incidentes de su vida eran tan familiares como palabras familiares para algunos Hermanos entonces presentes."

El 26 de septiembre de 1855, el Hno. James King fue el orador en la dedicación de la nueva sala en Chestnut Street, Filadelfia, y allí mismo se refirió al ilustre Franklin como «el primer Maestro de una Logia Masónica en Pensilvania».

El 26 de septiembre de 1873, el ex Gran Maestro Robert A. Lamberton de Pensilvania, presidente de la Universidad de Lehigh, en un discurso pronunciado con motivo de la inauguración del Templo de Filadelfia, dijo: «Las Logias de Filadelfia, deseando sin duda colocarse bajo la jurisdicción inmediata de esa Gran Logia (Massachusetts), aceptaron y reconocieron el poder del M.R.G.M. Price para nombrar Gran Maestro a Benjamin Franklin; la autoridad de Massachusetts da como fecha de este nombramiento el 24 de junio de 1734. De un relato contemporáneo se desprende que ese día, en la celebración de la fiesta de San Juan Bautista, apareció como «Gran Maestro». Evidentemente, Franklin tenía dudas sobre la regularidad de los poderes de la Logia o Logias sobre las que ejercía autoridad, ya que, firmando él mismo como Gran Maestro el 28 de noviembre de 1734, escribió desde Filadelfia al «M.R.G.M. y a los Muy Dignos y Queridos Hermanos de Boston», solicitando que el M.R.G.M. Price le concediera una Diputación o Carta en virtud de su comisión de Gran Bretaña.

Y continuó: «Es innecesario seguir con la historia de la Gran Logia, tal como estaba constituida entonces, y de la que Franklin, en 1749, volvió a ser

Gran Maestro por nombramiento del M.R. Thomas Oxnard». Parece que el Hermano Lamberton estaba dispuesto a dar todo el crédito a Massachusetts.

Por Tennessee. Véase 9 *Moore's Freemason's Magazine* 316.

Por Vermont. En la colocación de la primera piedra del Monumento a Bennington.

Por Lafayette. A este respecto, es interesante recordar una carta escrita por el general Lafayette el 29 de agosto de 1824 al Maestro de la Logia St. John de Boston, en la que se refiere a esa Logia como «la primera Logia del continente americano».

EL LADO ESPIRITUAL DE LA MASONERÍA

Por el Hno. J. H. Morrow, California

UNO de los fenómenos naturales más bellos es el rocío. Nos levantamos temprano por la mañana, abrimos la ventana, y allí, extendidas ante nosotros sobre la alfombra verde de la tierra, yacen miríadas y miríadas de gemas más brillantes que jamás hayan adornado una frente de reina. Es como si Dios, antes de desplegar el dosel de la noche, hubiera puesto por un momento las estrellas sobre la tierra para que el hombre las viera más de cerca.

Mientras miramos, embelesados, el sol afirma su majestuosidad, y a lo largo de senderos invisibles la riqueza de la belleza mágica se desvanece en el aire. Pero cada gota de cristal ha dejado refresco a su paso. La tierna brizna de hierba, la hoja recién nacida del arbusto, el pétalo desplegado de la flor han cobrado a su vez nueva vida y renovado vigor.

Y lo mismo ocurre, en cierto modo, con la espiritualidad. Enviada por el cielo, viene a la tierra para dar nueva vida a las almas de los hombres. Es todo lo que el rocío es para la naturaleza, pero es mucho más. Se parece más a la lluvia suave en la profundidad y permanencia de su efecto.

Una paloma trajo una semilla del cielo, y le dijo al hombre: «La semilla que traigo es preciosa más allá de todo precio. Su nombre es Conocimiento de Dios. Me gustaría plantarla donde encuentre alimento constante, para que germine, crezca y dé fruto para la sanación de las naciones».

Reverentemente, el hombre descubrió su cabeza y humildemente desnudó su pecho. «Oh dulce paloma –dijo– haz que esta semilla encuentre posada en mi pobre corazón». Y la paloma respondió: «Así sea», y enseguida plantó la semilla en el pecho humano tan gratuitamente ofrecida.

Y voló a la tierra otra paloma, y la semilla que traía se llamaba Fe, y esta semilla también encontró alojamiento en el corazón del hombre. Y aún otra paloma trajo la semilla de la Esperanza, y otra la semilla de la Caridad, y una cuarta la semilla del Amor Fraterno, y de nuevo una quinta la semilla de la Inmortalidad; para estas semillas, también, el pecho del hombre dio lugar acogedor.

El nombre del hombre era masón. La vida que vivió y las hazañas que realizó, grandes o pequeñas, son conocidas por todos, pero la visión de las palomas y la siembra de las semillas fueron sólo para su ojo.

Hermanos, si me he permitido la metáfora y he recurrido a la parábola, no ha sido más que para estimular la imaginación, para que podáis elevaros conmigo más fácilmente al plano sobre el que descansa la Masonería en sus enseñanzas y en su cumplimiento. La primera semilla implantada en el corazón del francmasón fue el Conocimiento de Dios. Poner nuestra confianza en Él es el paso inicial y directo en el viaje de la vida. Con Él como guía, como mentor, podemos seguir adelante sin dudas ni temores. Cristiano, judío, brahmán o mahometano, cada uno puede llamarle por un nombre diferente, pero para todos y cada uno Él es el Gran Arquitecto, el Supremo Gobernante del Universo, y a medida que aprendemos a aceptar Su guía, Él se convierte mejor aún en el Padre Celestial, atrayéndonos hacia Él con lazos de amor. «Sentimos Su presencia, aunque no la veamos, y caminamos por fe, y somos sostenidos por la esperanza en su susurrada promesa de vida eterna. Y lo mismo ocurre con las demás semillas. En el ejercicio, por ejemplo, de la caridad a través de los impulsos del amor fraterno -caridad que suaviza y modifica nuestros juicios, nos hace conscientes de nuestros propios defectos, y nos hace sensibles a los llamamientos de los que están en peligro- nos hacemos partícipes de la naturaleza divina y, por tanto, hijos de Dios.

Adorar correctamente es amarse. Cada sonrisa un himno, cada acto bondadoso una oración». «Cada vida amorosa un salmo de gratitud.

El Templo del Rey Salomón hace tiempo que se convirtió en polvo, pero a los masones se nos enseña que podemos levantar otro en su lugar. El plano está sobre el caballete del Supremo Maestro. Feliz el hombre que construye según ese plan. Porque el lugar del templo es el corazón humano, y el templo se conoce como carácter. La masonería forja el carácter y, ya seamos Aprendices, Compañeros o Maestros Masones, nuestros deberes están claramente definidos y nuestra responsabilidad, clara.

Ahora bien, el carácter es lo que somos, y no debe confundirse con la reputación, que es lo que los hombres piensan de nosotros. Si el carácter es sano, es bueno, es verdadero, entonces se puede dejar que la reputación cuide de sí misma. Los hombres codician la reputación, pero la reputación sólo es segura cuando descansa sobre una base moral. La hipocresía, el engaño, las falsas pretensiones pueden lograr sus fines durante un tiempo, pero tarde o temprano la farsa será descubierta, y la estructura tan defectuosamente construida resultará ser sólo un castillo de naipes. Por lo tanto, la cuestión que me preocupa como mason no es qué piensan los hombres de mí, sino qué pienso yo de mí mismo.

A la luz de la masonería puedo juzgarme a mí mismo. El plan está ante mí. Mis obligaciones están grabadas en los muros de mi memoria. ¿Cómo he labrado y asentado los cimientos de mi carácter? ¿Cómo he construido la superestructura? ¿Me atrevo a aplicar a las paredes la plomada, la escuadra y el nivel de la justicia? El corazón del hombre que recibió las semillas de las palomas supo, con el paso de los días y de los años, lo bien que había apreciado los dones divinos. Por eso, cuando por la noche recuesto la cabeza sobre la almohada y vuelvo sobre mí los ojos de la introspección, puedo escudriñar mi alma.

¿Debo desanimarme por los fallos que encuentre? No, no es así. Si sólo me doy cuenta de que he intentado construir un templo aceptable para el Arquitecto Supremo, no he fracasado del todo. Ser capaz de descubrir el fallo demuestra que no he perdido de vista el plan y que no soy sordo a la vocecita de la conciencia. Y lo maravilloso de la formación del carácter es que, mientras dura la vida, todos tienen la oportunidad de corregir los defectos.

Afortunado soy si las faltas son de días y no de años. Sin embargo, es mejor empezar de nuevo, aunque la estructura quede incompleta, que no haberlo intentado nunca. Pero no debo aplazar la reconstrucción hasta «un tiempo más oportuno», porque «llega la noche en que nadie puede trabajar». La oportunidad es mía, pero es limitada. Las arenas que quedan en mi reloj de arena no puedo verlas.

Aun así, no debo desesperar. Las manos del amor fraternal están tendidas para ayudarme.

Las manos de un hermano ayudan a levantar la piedra que mi brazo es incapaz de colocar, y su rostro irradia amor.

Además, no podemos contemplar las sublimes verdades de la Masonería sin recibir una bendición recíproca. Es una ley inmutable que lo semejante engendra lo semejante. De la abundancia de la cosecha surge la promesa de otra cosecha igual. Y sembramos sin dudar, sabiendo que lo que sembramos también cosecharemos. Lo que es cierto para la naturaleza es cierto para la espiritualidad. De todos los dones de la vida interior, el más elevado es el del amor.

El amor fraternal unifica la masonería y, en su expresión, ennoblece la vida de los hermanos. Es este ennoblecimiento, este enriquecimiento tan evidente en innumerables casos, lo que atrae a los hombres a nuestros santuarios, humildes y voluntarios solicitantes de admisión.

Han descubierto en las influencias de la masonería un poder transformador para el bien que desearían disfrutar.

Esculpido de perfil en el acantilado de una montaña de Nueva Inglaterra está el noble rostro de un hombre. La tradición predijo que un día la contraparte aparecería en forma humana. Y se cuenta que un muchacho solía visitar el lugar, esperando con fe infantil el cumplimiento de la promesa. Ay, pasaron muchos, pero nunca uno que en linaje y expresión reflejara la belleza celestial del rostro de las colinas de granito. De niño, el vigilante pasó a la juventud, y de la juventud a la madurez, pero su sueño seguía sin cumplirse. Sonó el toque de guerra y se apresuró a defender la bandera de su país. Valiente, honorable y heroicamente, cumplió con su parte, pero a menudo, en el servicio de piquete, en las sombrías vigilias de la noche o en medio del sueño irregular del vivac acolchado de césped, se revelaba ese rostro radiante de la montaña distante, y él lo estudiaba con los ojos de la introspección. Terminó la guerra y se le concedió regresar a su hogar. Por la fuerza de la costumbre, volvió a la montaña. Allí estaba el rostro, como había estado durante siglos, sin ningún atributo alterado. Perdido en sus ensoñaciones, el soldado de uniforme descolorido perdió la conciencia de lo que le rodeaba y no se percató de la reunión de un grupo atónito. Por fin se cumplía la tradición; el homólogo en forma humana estaba allí, pero él no lo sabía.

Lo semejante engendra lo semejante, la belleza engendra belleza, el amor engendra amor, la santidad engendra santidad, pero el descubrimiento se deja a otros.

Un pájaro de plumaje blanco como la nieve frecuentaba la cima casi inaccesible de una elevada montaña. Se llamaba Pureza, y a quien encontrara una de sus plumas inmaculadas le prometía la vida eterna. Muchos intentaron encontrar una pluma, pero desalentados por los obstáculos se desanimaron y regresaron al Valle de Ease... todos menos uno. Impertérrito, aunque magullado y sangrando, siguió adelante.

A menudo tropezaba, a veces resbalaba hacia atrás, pero sólo para recuperar el terreno perdido y seguir subiendo. ¿Llegará alguna vez a la cima? Las fuerzas le flaqueaban cuando, de repente, la sombra del pájaro se posó sobre él. Con un último esfuerzo, estiró la mano, pero sólo para agarrar el aire. Cayó y murió, y entonces, ¡he aquí el milagro! Del pecho compasivo del ave que revoloteaba descendió una pluma y se posó en la palma de la mano sin nervio. Se ganó el don de la vida eterna.

Hermanos, las recompensas espirituales de la masonería no deben buscarse en el Valle de la Facilidad. Pueden resumirse en una frase: la satisfacción de sentir que nos hemos esforzado por caminar rectamente por todos los senderos de la vida y por cumplir nuestros deberes para con Dios, la patria, el hogar y nuestros semejantes, de conformidad con las sublimes enseñanzas de la Orden. El resto puede dejarse a Aquel que nota incluso la caída de un gorrión.

> ¡Oh! los cedros del Líbano crecen a nuestra puerta, Y la cantera se hunde a nuestra puerta; Y los barcos de Ofir, con mineral de oro, Para nuestro mandato de convocatoria esperan; Y la palabra de un Maestro Masón ¡Que la casa de nuestra alma cree! Mientras el día tenga luz que se use la luz, ¡Para que ningún hombre controle la noche! O alguna vez se suelte el cordón de plata, O se rompa el cuenco de oro, ¡Que construyamos el Templo del Rey Salomón En la verdadera alma masónica!

Y el significado es este: que no tenemos que ir muy lejos para cumplir con nuestras obligaciones masónicas y para ser vivificados espiritualmente. En la búsqueda de la riqueza, los hombres a menudo viajan a las partes más remotas del mundo y soportan peligros y privaciones sin fin, por desgracia, a veces en vano, sin darse cuenta de que las minas de oro yacen enterradas en las mismas puertas de los hogares que han despreciado. Así que las exigencias para el ejercicio de las virtudes masónicas están muy cerca. El extranjero, desesperado, angustiado, llama a nuestra puerta para ser admitido. Los rostros llenos de lágrimas de la viuda y el huérfano se elevan en señal de súplica hacia nuestras ventanas. El hermano, necesitado en un sentido material o espiritual, tiende la mano para pedir ayuda y simpatía a lo largo del camino de nuestra rutina diaria. Nuestros hogares nos exigen las más altas expresiones de amor. Nuestra ciudad y nuestro país esperan de nosotros un ejemplo de rectitud cívica. Y la voz de Dios resuena siempre en nuestros oídos: «En cuanto lo hicisteis a uno de estos mis hermanos más pequeños, a Mí lo hicisteis».

Hablar del lado espiritual de la masonería es un error. Si hay otro lado es ajeno a nuestra Orden, y no lo conozco. La espiritualidad es la vida de la masonería. Dichoso aquel que tenga el privilegio de participar en él y de ayudar a reconstruir el Templo del Rey Salomón.

LA RELACIÓN DE LA MASONERÍA CON LA LIBERACIÓN DE LA AMÉRICA ESPAÑOLA

Por el Hno. Henry Bixby Hemenway, A.M., M.D., Illinois

(Nota: El siguiente artículo ha sido escrito a petición del Editor. Se presenta, no como un estudio completo, sino para que pueda ayudar a otros que deseen seguir un camino similar. Desgraciadamente, un estudio de este tipo debería ocupar mucho tiempo, y el investigador debería poder seguir el camino en muchos países y buscar en los registros documentales. Las citas se dan aquí para abreviar, si es posible, el trabajo preliminar de otros estudiantes. H. B. H.)

UNO de los campos más atrayentes para el investigador masónico es el que se refiere a la relación entre esta gran orden y la historia gubernamental. No es probable que nadie sea tan temerario como para afirmar que la masonería fue la causa de la Guerra de la Revolución. Por otra parte, hay muchos que creen que la Revolución no se habría iniciado, continuado y terminado con éxito si no hubiera sido por la ayuda de ese cuerpo de patriotas. Si se admite esto, la siguiente cuestión que se plantea es si la revolución fue el resultado incidental de la enseñanza de la masonería, o fue la organización utilizada por los líderes del movimiento porque el secreto era necesario para sus operaciones. ¿Fueron estos líderes conducidos a la sociedad para protegerse mutuamente?

Al parecer, fue la opresión de los hugonotes en Francia y las constantes molestias a los irlandeses escoceses por parte del gobierno inglés lo que desarrolló en cada uno de aquellos oprimidos un espíritu de decidida resistencia, y un amor a la libertad, que exhibieron con fuerza al llegar a América. Esto tuvo mucho que ver con el inicio de la revolución. Ambos pueblos eran mecenas de la masonería, y los dos principales espíritus del movimiento que desembocó en la formación de la Gran Logia de Inglaterra, el 24 de junio de 1717, fueron James Anderson, un clérigo presbiteriano escocés, y John Désaguliers, un hugonote francés. Uno de los principios fundamentales de la masonería es la libertad religiosa, por lo que recibió la condena de la Sede Romana. Aunque la masonería no se opone a la Iglesia romana como institución religiosa, sí se opone a su intento de conectar el poder espiritual y el temporal. Entre monarquía y democracia, la Iglesia siempre ha estado del lado de la monarquía. Por lo tanto, fue un resultado natural que una gran proporción de los líderes de la revolución americana fueran miembros de la fraternidad, aunque de ningún modo debe olvidarse que algunos miembros leales de la iglesia romana dieron un importante apoyo moral, financiero y personal a la causa.

En la mente de hombres como Washington, la pertenencia a la masonería era otra prueba de la fiabilidad y aptitud de un hombre para la confianza. Le habían enseñado el silencio y la circunspección. Por lo tanto, si había algún asunto importante que hacer en interés del ejército o del gobierno colonial, era natural que estuviera salvaguardado por esos lazos fraternales. Si fuera necesario un consejo, no era improbable que pudiera estar protegido por la intimidad de la logia militar. Había una doble prueba de seguridad en la pertenencia a la orden, y la posición en el ejército. La influencia práctica de esta asociación se dejó sentir en el marqués de Lafayette, que se convirtió en un masón entusiasta.

Se ha dicho que cuando Lafayette llegó a este país tenía entre su personal a un joven nativo de Venezuela llamado Miranda. Se supone que aquí Miranda también se hizo masón, y a menudo se ha dicho que Washington era su ideal. Tras abandonar Estados Unidos, se instaló durante un tiempo en Londres. Allí fundó una sociedad secreta con el propósito declarado de liberar a Hispanoamérica del yugo europeo. Esta sociedad, nos han dicho, se fundó en la masonería. Inculcaba doctrinas republicanas y estaba formada principalmente, si no exclusivamente, por hispanoamericanos que se comprometían, en diferentes grados, a trabajar por la libertad de América del Sur. En esta sociedad se iniciaron los grandes líderes de la rebelión sureña: San Martín, Bernardo O'Higgins, Bolívar, Sucre y los demás. En Cádiz, se nos dice, (1) se estableció una sociedad subordinada afiliada a la organización madre, y conocida bajo el nombre de «Sociedad de Lautaro, o Caballeros Racionales.» Posteriormente se estableció una Logia Lautaro en Buenos Aires y otra en Santiago de Chile.

También se recordará que casi inmediatamente después del éxito de la revolución española, se formaron logias masónicas en toda América Latina, y que los líderes políticos eran masones. Además, aunque la iglesia romana no fue perturbada en sus ministerios, donde las influencias masónicas eran más fuertes, allí el poder temporal de esa iglesia era más restringido.

La evidencia general, por lo tanto, tiende a mostrar una relación directa, no sólo entre la revolución en Inglaterra y la de las colonias españolas, sino entre ambas y la orden masónica, ya sea como causante o como agente ejecutivo.

Hace relativamente poco tiempo que el estudio de la historia se aproxima a la exactitud científica. Antiguamente, el historiador solía aceptar lo que tenía a mano sin hacer preguntas especiales, a menos que descubriera que las declaraciones o las pruebas no concordaban. La consecuencia fue que las declaraciones erróneas se mantuvieron vivas y, por su propia frecuencia, se volvieron convincentes. Si, como ocurría a veces, muchos escritores acudían a la misma fuente para obtener su información, un error en el original provocaba el error de muchos; aun así, en lugar de ser realmente la prueba de muchos, era la prueba de uno solo, repetida a menudo.

En la reseña de la vida de Miranda en la Enciclopedia Internacional se dice que renunció al ejército español para luchar con los franceses en Estados Unidos. La *Enciclopedia Británica* dice: «Ingresó en el ejército y sirvió con los franceses en la Guerra de Independencia de Estados Unidos. El éxito de esa guerra le inspiró la creencia de que la independencia de la América española aumentaría la prosperidad. Comenzó a tramar una revolución, pero fue descubierto y sólo tuvo tiempo de escapar a Estados Unidos. De allí se fue a Inglaterra». Como se verá más adelante, este relato es casi totalmente erróneo, aunque ese escritor hace referencia en su bibliografía al único estudio crítico que se ha hecho sobre el tema. La *Enciclopedia Americana* repite el error anterior sobre el servicio de Miranda en nuestra Revolución, dando incluso las fechas, 1779-1781. También se refiere a su formación de la Gran Reunión Americana, lo cual es correcto. Las demás enciclopedias guardan silencio sobre esta sociedad y la Logia Lautaro.

El error relativo al servicio de Miranda en nuestra Revolución es repetido por Dalton, (2) Hirst, (3) Eder, (4) García Calderón, (5) y Chisholm. (6) Chisholm no da autoridad para ninguna de sus afirmaciones, pero se detiene largamente en la influencia de Miranda en la liberación de los hispanoamericanos y en su formación de la Gran Reunión.

Volviendo ahora a las fuentes sudamericanas, (aunque el profesor Pennington, de la Universidad de Córdoba, Argentina, y García Calderón, de Perú, también deberían ser clasificados así), encontramos que las dos autoridades mejor reconocidas para este período de la historia son B. Vicuña Mackenna, de Chile, y Bartolomé Mitre, de Argentina. Mackenna, en su *Ostracismo de O'Higgins* al hablar de Miranda dice (7) que fue a Estados Unidos y luchó por la libertad, con Washington como héroe y Lafayette como compañero.

Mitre, poeta, historiador, general y presidente, escribió grandes historias de San Martín y Belgrano. En la primera de ellas dice (8) de Miranda que fue «soldado de Washington en la guerra de Norteamérica, camarada de Lafayette, general con Dumoriez en las primeras campañas de la revolución francesa, compañero de Madame Rolland en la cárcel, confidente de Pitt en su plan de insurrección de las colonias hispanoamericanas, distinguido por Catalina de Rusia, por cuyos favores se impulsó la importante misión que se impuso, y considerado por Napoleón como un loco, encendido por la sangre caliente. De manera similar habla Mitre en su vida de Belgrano (9) de que Miranda había conocido a Hamilton cuando bajo las órdenes de Lafayette y Washington había luchado por la independencia de las colonias inglesas.

Hemos tenido la particularidad de referirnos a muchos relatos que hablan del servicio de Miranda aquí porque todos están equivocados, pero es probable que se pase por alto la evidencia del error. La única vida crítica de Miranda que el autor de estas líneas ha encontrado es la del profesor William S. Robertson, oculta en un ejemplar de las Actas de la Sociedad Histórica Americana. (10) Robertson se ha tomado la molestia de verificar su estudio buscando en documentos oficiales y diarios privados. En marcado contraste con los métodos de Mitre, Mackenna y los demás citados, establece como norma exponer las pruebas. Lo que dice puede tomarse como fiable hasta donde llega, y de su relato, a menos que se especifique lo contrario, se extrae el siguiente esbozo:

Francisco Miranda nació de padres españoles en Caracas, Venezuela, probablemente el 9 de junio de 1753. Blanco da (11) el año como 1756, y Vicuna Mackenna (12) como 1758. Se educó en un colegio de su ciudad natal y, según su declaración ante el presidente Stiles, en el colegio de Yale obtuvo la licenciatura en 1767. Más tarde estudió Derecho «durante un año o más» en una facultad de la ciudad de México. (El padre de la independencia mexicana fue Don Miguel Hidalgo y Costilla, un sacerdote criollo, que recibió su B.

Obtuvo el grado de licenciado en la ciudad de México en 1770, (13) después de su educación en el colegio de Valladolid, Mex. Por tanto, es más que una posibilidad que Hidalgo y Miranda se conocieran en esa época. Hay que recordar que la palabra «criollo» no implica sangre mezclada, como muchos imaginan, sino que es descriptiva de los de pura sangre latina, nacidos en América). En Caracas es probable, como se ha dicho, que uno de los compañeros de Miranda durante esos primeros años fuera Manuel Gaul, que más tarde tomó parte activa en la revolución, y que fue castigado por traducir y publicar los «Derechos del Hombre.» Incidentalmente podemos mencionar aquí que más tarde Thomas Paine se convirtió en uno de los amigos íntimos de Miranda, y que sus «Derechos del Hombre» se convirtieron en una de las potentes influencias para la revolución de la América española. Miranda fue un estudiante entusiasta y, antes de alcanzar la mayoría de edad, viajó a España, donde se dedicó al estudio de las matemáticas. Sus simpatías en aquel momento eran intensamente españolas. En 1772 fue nombrado capitán del ejército español. Sirvió en África contra los marroquíes. Durante el verano de 1777 se presentaron cargos contra él, y fue encarcelado por poco tiempo, a instigación de la Inquisición, según él pensaba. Sin embargo, el informe oficial de su comandante en noviembre de ese año decía, en contraste con el informe relativo a muchos de sus compañeros soldados: «Este capitán desempeña bien sus funciones».

Durante sus primeros años de servicio, estuvo bajo el mando de Cagigal, que desde entonces fue su firme amigo. En marzo de 1780, Miranda fue trasladado de Madrid a Cádiz. A principios de esa primavera, los gobiernos francés y español cooperaron en operaciones hostiles contra Inglaterra, y en la fuerza española enviada a las Indias Occidentales Miranda formaba parte del Estado Mayor de Cagigal. En agosto de 1781, Miranda fue nombrado Teniente Coronel. En septiembre, Miranda fue enviado a Kingston, Jamaica, aparentemente para organizar un intercambio de prisioneros, pero en realidad como espía. Allí, con la ayuda de un bostoniano llamado Fitch, compró algunos barcos. El comandante inglés recibió al menos una fuerte reprimenda de su superior por la transacción; y Miranda se encontró con cargos contra sí mismo, y fue arrestado en ausencia de

Cagigal, pero inmediatamente liberado al regreso de Cagigal. Más tarde, compañeros envidiosos formularon otras acusaciones que implicaban tanto a Cagigal como a Miranda. Cagigal fue trasladado a España. El 16 de abril de 1783, Miranda escribió a Cagigal que estaba disgustado por el trato recibido y que no veía ninguna posibilidad de que se le hiciera justicia, aunque era «más inocente que Sócrates»; por lo tanto, había decidido regresar a Europa pasando por Estados Unidos. A pesar de su deserción del mando, y a pesar del conocimiento del gobierno de que después de dejar el servicio Miranda se había dedicado a intrigar y conspirar contra la autoridad española, en 1799 el Consejo de Indias exoneró plenamente tanto a Cagigal como a Miranda de los cargos formulados. A principios del verano de 1781, y mientras Cagigal estaba al mando, Pensacola fue capturada a los ingleses. Es posible que Miranda estuviera presente en este asedio; pero aparte de esto no hay pruebas de que estuviera dentro de los límites actuales de Estados Unidos antes de la primavera de 1783, cuando desembarcó en Charleston para hacer su recorrido por el país.

Porque las Indias Occidentales eran consideradas muy apropiadamente como «América»; porque las naciones española y francesa estaban guerreando juntas en las Indias Occidentales contra los ingleses durante la última parte de la guerra de la Revolución; y porque Lafayette, un francés, y algunos de sus compatriotas estaban con el ejército americano, aunque no con la sanción del gobierno francés; y porque Miranda y Cagigal servían en el ejército español en las Indias Occidentales, era, quizá, natural que algún historiador no crítico dedujera que esos oficiales españoles servían con Lafayette en el ejército colonial. Aunque el efecto incidental de la campaña española podría haber sido útil para el ejército colonial, éste no era su objetivo. Por el tratado de 1783, Inglaterra cedió a España el título de Florida como resultado de la victoria española. Dado que Miranda no estaba sirviendo con Washington y Lafayette en la Revolución, se deduce que la inferencia de que sus observaciones en ese momento lo llevaron a una apreciación de la masonería, y que se hizo masón en la logia militar, o en cualquier lugar de los Estados Unidos en ese momento, era infundada.

De vez en cuando, Miranda enviaba cartas al gobierno español exigiendo justicia y protección, pero no se atrevía a visitar España. Sin embargo, el gobierno español vigilaba de cerca todos sus movimientos y en algún momento esperó capturarlo en Francia. Este espionaje oficial, y los consiguientes registros, facilitan el rastreo de sus andanzas. El gobierno español temía que pudiera ceder a los ingleses valiosos planos de fortificaciones españolas.

Tras una gira por Estados Unidos, Miranda se fue a Inglaterra. Las quejas de sus amigos en Hispanoamérica, combinadas con su propio sentimiento de injusticia recibida, y contrastadas con sus observaciones en Estados Unidos, engendraron en su mente un plan para liberar a Hispanoamérica del dominio español. Visitó la mayoría de los países europeos para estudiar sus gobiernos y obtuvo de Catalina de Rusia ayuda financiera y estímulo para su proyecto. Consiguió que Pitt se interesara completamente por Inglaterra; y en la expectativa de las ventajas comerciales que se recibirían, parecía haber una perspectiva de ayuda naval y militar por parte de Gran Bretaña. Miranda también recibió ánimos de Alexander Hamilton y de Rufus King para que Estados Unidos también prestara su ayuda. Es probable que durante su gira americana discutiera este proyecto con Washington, Smith, Sayre, Adams y otros, algunos de los cuales se convirtieron en sus firmes amigos. Allí conoció a Thomas Paine. Tras su viaje por Europa y otra estancia en Londres, se presenta a la contienda francesa por la libertad. Más tarde, con el cambio de fortuna, fue encarcelado en la Bastilla, al mismo tiempo que Madame Rolland. Tras ser liberado, regresó a Londres y continuó planeando acciones en América.

En esa época había un joven chileno en la escuela de Richmond, Inglaterra. Era hijo natural de Ambrosio O'Higgins, entonces Virrey del Perú, pero era conocido entonces como Bernardo Riquelme. Al necesitar un instructor en matemáticas, el azar envió al joven O'Higgins a Miranda, pero sus discusiones no se limitaron a la ciencia pura. Estudiaron juntos los mapas y discutieron los grandes problemas del hemisferio occidental. Fue por entonces cuando Miranda organizó la Gran Reunión Americana, con sede en Londres, aunque por una declaración de Mitre (14) deducimos que se organizó en París en 1797. Es natural que encontremos pocos registros de esta importantísima organización; de hecho, lo sorprendente es que encontremos tantos. También es natural, teniendo en cuenta todas las circunstancias, que su existencia se ampare en la asunción de diversos nombres.

El profesor Pennington, de la antigua universidad de Córdoba (Argentina), cerca de la sede de los esfuerzos más denodados de San Martín en relación con la organización secreta, ofrece este relato:

(15) El general Francisco Miranda, oriundo de Caracas, capital de Venezuela, fue el primer sudamericano que soñó con la grandeza de las diversas colonias sudamericanas si lograban liberarse del dominio español y convertirse en Estados independientes. Para llevar a la práctica sus ideas, creó una sociedad secreta llamada Gran Reunión Americana, con sede en Londres. Esta asociación matriz dio origen a numerosas ramas y sociedades afiliadas, de las cuales la principal fue la Sociedad de Lautaro, o de Caballeros Racionales, que en 1808 contaba con más de cuarenta miembros sólo en Cádiz. Las reuniones de estas sociedades eran secretas y estaban protegidas por ritos y palabras de paso derivados de la masonería. Había varios grados, el primero implicaba la promesa de trabajar por la independencia de Estados Unidos y el segundo la aceptación de los principios republicanos. El quinto grado era el más alto y de mayor responsabilidad, ya que implicaba algo más que meras expresiones de opinión y profesiones de fe.

Dice Chisholm:

(16) «Erigida según los modelos de las Logias masónicas que ejercieron una influencia tan benéfica para la humanidad durante el siglo XVIII, y ajustándose en gran parte a los princi-

pios y métodos masónicos, la Reunión incluía en sus filas a muchos de los patriotas más destacados de la América española. Allí se encontraron registrados los nombres de Nariiio, San Martín, Fretes, Cortés, Yznaga, Bejarano y muchos otros que representaban a todas las colonias hispanoamericanas desde Cuba hasta Chile. Cuando Miranda se hubo cerciorado de que Bernardo [O'Higgins] poseía aquellas cualidades de carácter que le harían tan firme como entusiasta, abrió ante él el gran propósito de lograr la independencia de todas las colonias españolas de América mediante un movimiento concertado e irresistible, y O'Higgins se unió a la logia y prestó los necesarios juramentos de fidelidad y servicio. Es interesante saber que pocos años después Simón Bolívar también ingresó a la misma orden, prestó los mismos juramentos y cumplió con igual fidelidad los solemnes compromisos que lo unieron a San Martín y O'Higgins para derrocar el poder en América del Rey de España.

Aunque esto indica que O'Higgins no era un miembro original, estoy convencido por muchos artículos de que fue uno de los fundadores de la organización en París, en 1797.

En febrero de 1797, Pedro José Caro llegó a Londres, representando que poseía grandes propiedades en Cuba y en la ciudad de México, e intentó que el gobierno inglés se interesara en el plan para liberar la América española. Los funcionarios españoles pensaron que era un conspirador fugado de Caracas. Por la misma época, Antonio Narino, un conspirador de Santa Fe, no consiguió una audiencia favorable del gobierno inglés.

Es posible que ambos emisarios fueran enviados o dirigidos a Londres por Miranda. También es posible, como declaró Miranda más tarde, que otros supuestos agentes, procedentes de Sudamérica, fueran enviados a Londres mientras el maestro intrigante permanecía en París.» (17) «Es evidente que la llegada de Miranda a Inglaterra a principios del año siguiente se

produjo con el pleno conocimiento y consentimiento del gobierno inglés (18).

El 17 de enero de 1798, Miranda dirigió una comunicación a Pitt
que comenzaba con las palabras: «El infrascrito, agente principal de
las colonias hispanoamericanas, ha sido nombrado por la junta de
diputados de México, Lima, Chili, Buenos Aires, Caracas, Santa Fe,
etc. para presentarse a los ministros de S. B. M., a fin de renovar en
favor de la independencia absoluta de estas colonias las negociaciones iniciadas en 1790», (19) etc. «Nada se sabe de la supuesta junta
española que debía tomar conocimiento de las negociaciones. Sin
embargo, es posible que algunos espíritus revolucionarios de la América española, como Caro y Nariiio, sí se reunieran en París y discu-
tieran un plan de campaña» (20). Al parecer, la Junta era la logia
madre de la Gran Reunión.

En su esquema original Miranda planeaba una monarquía consti-
tucional, uniendo a los estados en una federación, con un Inca a la
cabeza; esta monarquía se extendería hacia el oeste desde Brasil y el
Mississippi, y desde el paralelo 45 grados norte hasta el Cabo de
Hornos. (21) En la nueva versión debía ser una federación de repú-
blicas, y una de las propuestas incluía el corte de canales que conec-
taran el Atlántico y el Pacífico en Panamá y a través de Nicaragua.
(22) Aunque Robertson no menciona la Gran Reunión por su nombre, dice:

> (23) Miranda bien pudo haber sido el fundador de un club
> revolucionario que luego se convirtió en una gran asociación
> internacional de revolucionarios hispanoamericanos, que era
> transportada por los líderes a las diferentes partes de Hispa-
> noamérica.

Vicuna Mackenna habla (24) de la partida de Bejara, Caro, Iznar-
di, O'Higgins y otros para gestionar la entrada de la Gran Reunión
Americana en la península española; y Mitre nos habla (25) de la Sociedad de Lautaro o Caballeros Racionales en Cádiz. Vicuna Ma-

ckenna nos dice (26) que la Lojia Lautarina (en chileno Logia Lautaro) se fundó en Buenos Aires en 1812, y Mitre dice (27) que en 1717 se estableció en Chile una logia de los Lautaro, que se compondría a partes iguales de chilenos y argentinos. Se recordará que la rebelión de todas las colonias hispanoamericanas comenzó prácticamente al mismo tiempo, hacia 1811, y que los nombres de los líderes de cada país figuran entre los inscritos en la Gran Reunión o en sus filiales. He visto en alguna parte la afirmación de que Hidalgo, que dio la señal para el levantamiento mexicano desde su púlpito en Dolores, era miembro de esta organización. Es cierto que había un cuerpo secreto organizado de mexicanos en el complot, pero no he encontrado pruebas definitivas en cuanto a su conexión oficial con la Gran Reunión.

En cuanto a las reuniones de la logia de Buenos Aires, Mitre nos dice (28) que a veces se reunía en la fábrica de Vieyetes, o en la casa de campo de Orma; pero más frecuentemente en la de Rodriques Pena, que era el nervio de esta asociación, de la que Belgrano era el consejero; y que mostraba a veces el entusiasmo de Castelli, o la prudencia de Vieyetes, o la alta razón de Passo.

Dado que la organización ha dejado de existir, Vicuna Mackenna ha podido publicar una copia de la constitución y los estatutos de la Lojia Lautarina. (29) «La logia madre se compone de trece Caballeros, además del Presidente, el Vicepresidente, dos secretarios, uno para América del Norte y otro para América del Sur, un orador y un maestro de ceremonias. El número no puede aumentarse. Ningún español o extranjero puede ser admitido, ni más de un eclesiástico». Siempre que un hermano sea nombrado gobernador o magistrado en una sección del país, ayudará a formar una logia subordinada. Cuando uno de los hermanos sea elegido Gobernador Supremo, no planificará nada de grave importancia sin haber consultado a la logia. Su objeto es ayudarse y protegerse mutuamente en los conflictos de la vida civil, y apoyar la opinión de los demás, pero cuando es contraria a la pública, deben, no obstante, guardar silencio. Cada hermano debe apoyar, a riesgo de su vida, las determinaciones de la logia. Dos tercios constituyen el quórum. El hermano que, de palabra o por señas, revele el secreto de la existencia de la logia, será condenado a muerte por el medio más conveniente. No se menciona ninguna relación con la orden masónica ni se estipula que los miembros deban ser masones.

Mitre dice (30) de estas sociedades secretas que estaban compuestas por sudamericanos con el objeto de la emancipación de Sudamérica, y su fundación sobre el plan republicano. Se parecían mucho en su organización y en sus planes políticos a las sociedades de vendedores de carbón formadas sobre los ritos masónicos, y que tienen no sólo las formas masónicas, sino también sus símbolos.

García Calderón dice (31) que «de México a Chile el mismo fervor revolucionario engendró los movimientos parciales de 1808 a 1811, conspiradores parecidos a los carbonari italianos, logias en las que se hablaba de libertad en medio de ritos ingenuos, y universitarios que leían a los enciclopedistas, preparaban la gran cruzada». Y otra vez dice:

> (32) Las logias masónicas trabajaron en silencio contra el poder de España y Portugal, y defendieron las ideas humanitarias de la filosofía francesa. En la logia de Lautaro, San Martín y Alvear recibieron su iniciación como revolucionarios. En México la Logia de York se transformó en un club jacobino.

La implicación muy clara de García Calderón es que existía una conexión vital entre las sociedades secretas revolucionarias y la masonería. Es cierto que en aquellos primeros años no había logias masónicas establecidas como tales. Mientras duró el antiguo régimen, estas organizaciones estuvieron prohibidas. Es probable, sin embargo, que hubiera muchos masones dispersos por los países, y que se reunieran ocasionalmente como masones. Tal vez podamos sospechar que Miranda y O'Higgins recibieron luz masónica, en Inglaterra o en Francia. Al hablar de los primeros días del México independiente, Rives dice:

(33) El acercamiento más cercano a una organización social o política se encontraba en las logias masónicas, que se habían establecido con éxito cerca del comienzo mismo de la independencia. El principio fundamental de esa orden -la fraternidad de todos los hombres- y la aparente indiferencia de sus miembros hacia las creencias teológicas siempre habían enfrentado a la Iglesia Católica Romana contra ella y, de hecho, contra todas las sociedades secretas. *Damnantur clandestinae societates*, fueron las palabras de un Papa infalible; y mientras la autoridad eclesiástica estuvo en pleno vigor en Nueva España los masones no fueron tolerados en el reino. Pero cuando los delegados mexicanos se sentaron en las Cortes españolas bajo la Constitución de 1812 algunos de ellos fueron iniciados bajo el antiguo rito escocés, de modo que en 1820 y después se establecieron logias masónicas en México, y llegaron a ser cuerpos sumamente influyentes.

La primera logia masónica en México fue establecida en 1806 por españoles. En aquella época había cuatro logias en la península, fundadas por ingleses -dos en Gibraltar, una en Cádiz y otra en Madrid- y es razonable suponer que de ellas derivó la existencia de los masones mexicanos. Se dice que Hidalgo, quien primero lanzó el grito de independencia, se hizo masón hacia 1807. En cualquier caso, la existencia de esta primera logia duró poco, pues fue denunciada a las autoridades en 1808, y muchos de los hermanos fueron encarcelados y procesados ante tribunales de la Inquisición. Más tarde, las tropas españolas que desembarcaron en México después de 1811 trajeron en sus filas a varios masones; y aún más tarde, los delegados mexicanos a las Cortes españolas fueron iniciados en Europa, y a su regreso fundaron logias que, derivadas aparentemente de fuentes francesas, seguían el rito escocés. Estas logias estaban compuestas principalmente por hombres bastante acomodados o de reconocido prestigio profesional o comercial, por lo que naturalmente llegaron a formar en poco tiempo un núcleo para aquellos que no eran favorables a la idea de una república. (34)

El rito yorkino fue introducido en México por el Sr. Poinsett, ministro estadounidense, en 1825, y se convirtió en la gran fuerza del movimiento populista por una república. Los dos ritos propusieron candidatos a la Presidencia y el candidato yorkino era un indio llamado Gerrero. No contentos con batallas de papeletas, los partidos fueron a la guerra. Desde ese día hasta hoy la masonería ha sido poderosa en la política mexicana.

Cuando el escritor estuvo en México hace varios años, preguntó a un conocido si era masón. La respuesta fue: «No, nunca me he metido en política». (35)

Según el *Diccionario Enciclopédico Hispano-Americano*, páginas 687-703, la masonería se introdujo en Brasil en 1816, y la primera logia regular se estableció en 1820. En Colombia se introdujo en 1820, y en Perú en 1825. La Gran Logia de Francia fundó la primera logia en Uruguay en 1827. En 1857 se fundaron una logia y un capítulo en Guayaquil, Ecuador; y la Gran Logia de Venezuela se estableció en 1865. Además de estas logias, se nos dice que la Gran Logia de Inglaterra ha establecido logias en todo Chile, Argentina, Uruguay y Paraguay, que siguen funcionando activamente.

La inmediata fundación de logias masónicas en toda América Latina tan pronto como se rompieron los lazos de España es una indicación de su probable existencia, sub rosa, en una época anterior. El hecho de la disolución inmediata de la Gran Reunión, y de la Logia Lautaro, es un fuerte indicio de que dieron paso a otra organización. La forma en que hombres prominentes de la política sudamericana durante el siglo pasado se refirieron a estas tres organizaciones más o menos juntas, sugiere que la Logia Lautaro, fue simplemente otro nombre adoptado temporalmente por miembros del cuerpo masónico que se agruparon para un propósito especial. De lo contrario, habría sido natural que estos viejos compañeros en la lucha por la libertad hubieran continuado con su organización y hubieran mantenido así vivos los principios de la orden entre sus hijos y nietos.

La masonería no tuvo poca importancia en la resolución de los problemas de Texas, y la actividad de Poinsett en la política mexicana echó por tierra su misión.

Cuando el gobierno español, a través de sus espías de Londres y París. se enteró de la intimidad entre Miranda y Bernardo O'Higgins, la comisión de su padre, Ambrosio, fue cancelada, y el padre ordenó volver a casa para dar explicaciones. Ambrosio murió en Perú, y probablemente nunca supo por qué había sido depuesto.

Miranda era evidentemente un erudito de no poca habilidad. Era un entusiasta creador de planes, pero incapaz de llevarlos a la perfección. Bolívar era quizás el más fuerte de los grandes caudillos sudamericanos, pero también era intensamente egoísta, y estaba dispuesto a sacrificar a cualquiera y cualquier cosa para obtener su propio progreso. O'Higgins fue fiel y paciente, y trabajó gran parte del tiempo en silencio. San Martín combinaba en sí las buenas cualidades de todos y, habiendo servido como Gran Maestro de la Logia Lautaro durante años, y tras haber ganado la libertad de Argentina, Chile y Perú, entregó su ejército al 'Libertador' del norte, quien exigió el mando supremo, y luego se exilió voluntariamente en Francia, para que su presencia no provocara ninguna posible oposición a su hermano Caudillo, Bolívar. Tanto si San Martín salió a la luz en una logia masónica como si no, es probable que nunca haya existido un masón más auténtico ni alguien que haya ilustrado con mayor claridad los principios de nuestra noble orden.

1) Mitre, *Vida de San Martín*, Vol. 1, p. 135.
2) *Venezuela*, p. 81.
3) *Argentina*, p. 77.
4) *Colombia*, p. 32.
5) *América Latina*, p. 66.
6) *La Independencia de Chile*, p. 101 y ss.
7) p. 44.
8) Vol. 1, p. 82.
9) Vol. 1, p. 113.
10) 1907, vol. 1.
11) *Documentos para la Historia de la Vida. Publica del Liberador*, Vol. 1, p. 80, nota.
12) *El Ostracismo de O'Higgins*, p. 44.
13) *Noll & McMahon*, Miguel Hidalgo y Castillo, p. 7.
14) *Belgrano*, Vol. 1 p. 113. Véase también *Blanco*, Op. cit. p. 17.
15) *República Argentina*, p. 142.
16) *Independencia de Chile*, p. 102.
17) *Robertson*, Op. cit. p. 316.
18) *Robertson*, Op. cit. p. 317.
19) *Manuscrito Chatham*, 345.
20) *Robertson*, Op. cit. p. 320.
21) *Robertson*, Op. cit. p. 272 y ss.
22) *Robertson*, op. cit. 319.
23) Op, cit. p. 338.
24) Op cit. p- 49
25) *Vida de San Martín*, Vol. 1, p. 135.
26) Op cit. p. 269.
27) *San Martín*, vol. II, p. 30.
28) *Vida, Belgrano*, Vol. 1, p. 303.
29) Op cit. 269
30) *San Martín*, Vol. 1, p. 135.
31) *América Latina*, p. 65.
32) Op, cit. p. 81.
33) *Estados Unidos y México*, Vol. 1, p. 62.
34) *Rives*, Op. cit. Vol. 1, p. 163.
35) Para información sobre la influencia de las logias masónicas mexicanas véase *Ward's Mexico*, Vol. II, p. 408, *Suarez, Historia de México*, 77-79; *Zavala, Ensayo Hist.* Vol. 1, 346 *Tornel, Breve Resena*, 43-46.

REVELATION

Hice una peregrinación para encontrar a Dios:
Escuché su voz en las tumbas sagradas,
Busqué la huella de sus pies inmortales
En el polvo de los altares rotos; sin embargo, se volvió hacia atrás
Con el corazón vacío. Pero en el camino de regreso,
Una gran luz vino sobre mí, y oí
La voz de Dios cantando en una alondra que anida;
Sintió su dulce maravilla en una rosa mecida;
Recibió su bendición de un pozo al borde del camino;
Miró su belleza en la cara de un amante;
Vio su mano brillante enviar señal desde el sol.
~Edwin Markham.

CON COMPAÑERISMO

Mi pie a tu pie, por más que tu pie se desvíe;
Tu senda por mi senda, por oscuro que sea el camino.
Mi rodilla a tu rodilla, sea cual sea tu plegaria;
Tu ruego mi súplica, en toda necesidad y cuidado.
Mi pecho a tu pecho, en cada duda o esperanza;
Tu silencio también es mío, sea cual sea el alcance de tu secreto.
Mi fuerza es tu fuerza, siempre que llames;
Brazos fuertes extienden el amor,
A través de la oscuridad, hacia tu caída.
Mis palabras te seguirán, advirtiéndote con cariño,
A través de la vida, a través de la triste muerte...
¡Y de todo lo que hay más allá!
~C. M. Boutelle

REALIZACIÓN

En las horas tranquilas de la noche,
Me quedo dormido junto al fuego del estudio.
Mi mente en los planos de un palacio,
Desde el dintel hasta la altísima aguja.
Teñidas sus ventanas con colores,
Atrapados del arco iris al amanecer,
Pintados por la mano de un Maestro,
Diseños que el hombre no ha dibujado.
Columnas majestuosas de mármol,
Talladas para adornar sus salones

Escenas de los temas más nobles, cuelgan de sus muros de Jaspe,
Verdaderamente una estructura noble, forjada por la mente del hombre,
Santuario de una joya de valor incalculable, impecable, hermosa, grandiosa.

Sin embargo, sus pasillos estaban vacíos.
Huecos suenan a mi pisada Frías y silenciosas sus cámaras,
Como la presencia de algo muerto.
Un algo parece faltar un sentimiento que embota mi orgullo
Mientras contemplaba mis tesoros, ¿qué me faltaba? Suspiré.
Un castor llegó a sus portales, con sus ropas andrajosas y desgastadas...

Todo lo que una vez tuvo había sido para silenciar el gemido del sufriente,
Las heridas de los lisiados, las lágrimas de la viuda.
Sujetando al bebé contra su pecho, calmando amorosamente su miedo.
Arrodillada al lado de la pecadora, sí, la mujer escarlata del vicio,
Susurró la vieja, vieja historia, amor de un Cristo misericordioso.
Una luz brilló en sus facciones, con un maravilloso resplandor pacífico...
Seguramente, dije, es un profeta venido de la antigüedad.

Llegó a mis magníficos portales, en el frío de la marea vespertina,

Miré su fría y gélida belleza, se estremeció y se dio la vuelta.

Asombrado, me aferré a sus vestiduras,

Detente, forastero, dame una razón

Rezo, ¿por qué temblar y volverse hacia la oscuridad?

Entra, te lo ruego y quédate.

Mira, me he construido un palacio, enjoyado sus muros con artes,

Columna sus salas con mármoles, tesoros de muchos mercados

Sin embargo, admito un anhelo, algo que no he alcanzado.

Parece estar proyectando una sombra,

Sobre los placeres que esperaba haber ganado.

Inclinó la cabeza como apenado, luego se acercó a la puerta a mi lado,

Miró dentro mis maravillosas bellezas, luego volviéndose, tristemente

replicó: Hermano, veo a una viuda, demacrada, cansada y agotada.

Tres pequeños huérfanos hambrientos, sin un lugar al que llamar suyo.

Arrojados a los molinos de Mammon, triturados bajo sus crueles piedras,

Molidos en siclos de plata, poco importan sus gemidos.

Es sólo el precio de un cuadro, una de tus Joyas de arte.

Sin embargo, puedo ver en el lienzo, lágrimas de un corazón roto.

En los barrios bajos de una ciudad, un hermano se esfuerza por ascender,

Esforzándose por ganar su hombría. El espíritu dentro de él grita:

Dame la mano de la amistad. Esa es mi oración de ayuda.

¿Respondió a su llamada mi Hermano?

¿Ayudar con parte de tu riqueza?

Es sólo el precio de una columna como la que veo en esa nave,

Sin embargo, veo por esa columna, la forma de la tumba de un Hermano.

¿Y si su precio se hubiera dado, con una sonrisa y una palabra de ánimo

Puede que la vida no haya sido un fracaso,

Pero sí más brillante mientras él estuvo aquí.

Y así en los salones de tu palacio, altivos -magníficos- amplios,
Construido con las lágrimas del sufrimiento,
construido con el espíritu del Orgullo.
Vacíame el corazón, hermano, frío como un guante de mármol.
El alma del constructor nunca ha despertado a la belleza del «Amor».

Esta es la Joya que falta, esta, la sombra que cae
Sobre tu palacio principesco, sobre tus salones señoriales.
Busca este precioso tesoro, no en una tierra lejana
No en un edificio maravilloso, construido por la mano del hombre.

En lo profundo de tu naturaleza espiritual, busca su rayo oculto
Esta piedra blanca y pura del Templo;
Luz de un día recién nacido,
Enterrado tal vez en la basura, pisoteado y cubierto de la vista,
El regalo que fue enviado por un Maestro,
Arde con un brillo resplandeciente.

Contemplé mi palacio real, lentamente se desmoronó en polvo
Juzgado por este humilde Hermano, misericordioso, cándido,
Una vez más, voy a construir una mansión, mi trabajo no se ha perdido,
Cada «Gran Verdad» descubierta tiene siempre un coste laboral.

Aquí de mi mano las canteras, aquí en los paseos de la vida
Aquí levantaré un edificio, aquí en medio de la contienda
Construiré con la bendición de la viuda,
Pintaré con la sonrisa del huérfano,
Recortaré con los rayos de alegría,
Atrapados en el rostro de un niño.

Sus columnas en lugar de mármol, serán la fuerza del hombre
Salvado de la vida de locura, recto, noble, grande.
Sabiduría, Fuerza y Belleza, sostendrán mis naves,

Clavado por la piedra tan inestimable,
La Gran Piedra Blanca que salva.
Me giré para dar las gracias a mi crítico,
Pero me di cuenta de que ya no estaba,

Para descubrir que había estado soñando, hasta el amanecer.
La luz del Este brillaba con el resplandor de una llama carmesí,
Pensé en mis tesoros del país de los sueños,
Sólo pensaba en ellos con vergüenza.

La vida parecía más pura, más grandiosa, el anhelo inquieto cesó
Las palabras no pueden expresarlo, este mensaje del Oriente:
Tu búsqueda del mineral del tesoro, un susurro bajó a la deriva
Tu alma puede nombrar la Joya,
Lo que fue «Perdido» es «Encontrado».

L. C. Stewart, Florida

El mayor catálogo del mundo
de libros de masonería
en castellano.

Autores actuales
Estudios históricos
Obras clásicas
Libros prácticos
Literatura y arte
Trabajos biográficos
Obras institucionales
Rituales
Tradición hermética
Guías históricas
...

(más de 600 obras publicadas)

MASONICA

Ediciones del Arte Real

LOS MASONES
COMO CONSTRUCTORES
III. EL TEMPLO DE IOWA CITY, IOWA

*Una serie de investigaciones sobre los esfuerzos
operativos del Oficio*

Construido y completamente equipado por un poco menos de
50,000 $, el Templo ocupado por los Hermanos en Iowa City, Iowa,
es a la vez compacto, conveniente y espacioso Está diseñado para sa-
tisfacer las necesidades de la Logia Azul, el Capítulo y la Comandan-
cia. Los Hermanos han ido más lejos en la organización de casas club
de lo que hemos ilustrado anteriormente en esta serie. Iowa City es
la sede de la Universidad Estatal de Iowa, y la presencia de un gran
número de masones entre el alumnado probablemente lo explique.

La planta sótano (no ilustrada) está ocupada por un comedor, una
cocina y una central de calefacción. El primer piso está organizado alrededor de una zona de paso central, utilizada tanto para actividades
sociales como para sala de formación de la Comandería. Dos salas de
juego, una sala de billar, la secretaría y la cámara acorazada, y una sala
de lectura, todas ellas abiertas a la zona de paso. En la parte delantera
del edificio, hay salones y vestuarios separados para las damas y los
Hermanos, ambos fácilmente accesibles desde la entrada principal.

En la segunda planta hay vestuarios adicionales. La Armería, con
un generoso balcón, está bien adaptada a los usos de la Comandan-
cia, y se abre directamente a la Sala de la Logia. La antecámara, la sala de comisiones y la sala de preparación se abren también a la sala
de la logia, mientras que (como en todos los planos presentados hasta ahora) la sala de parafernalia y el almacén son paralelos a la sala de
la logia. Este y Oeste. El alto techo de la sala de la logia permite colocar entreplantas a su alrededor y, si se desea, instalar un órgano de
tubos y otros accesorios.

DEMOCRACIA
Y MASONERÍA

Por el Hno. H. R. Best, Dakota del Sur

ANTES de hacerme masón me aseguraron a menudo que la masonería no tenía nada que ver con la religión, pero con esta afirmación no puedo estar de acuerdo, ya que me parece que tiene mucho que ver con la religión. Por supuesto, no trata específicamente de los credos ortodoxos, sino que aborda los aspectos más vitales de la religión, entretejidos y entrelazados. Un hombre debe tener convicciones religiosas, que pasa por sus símbolos sagrados, de lo contrario sería un hipócrita sin conciencia. Ningún hombre que sea moralmente impermeable puede ser un verdadero masón.

En el siguiente lugar: puesto que «nos encontramos en el Nivel y nos separamos en la Escuadra», me parece que la gran Hermandad masónica tiene ante sí una misión sublime en este momento particular en el conflicto de ideas del mundo. En una época como ésta, no es difícil para un hombre hablar sobre alguna fase de la vida; sin embargo, es una tarea difícil, en una época tan compleja, examinar el campo de la vida, sopesar las diversas fuerzas del progreso, comparar los ideales organizadores y llegar a una generalización exacta de la verdad. Aun así, creo que las personas reflexivas estarán de acuerdo en que el hecho social más destacado de nuestros días es la democratización de la vida.

La historia de la raza revela una tendencia constante a la aristocracia. La aristocracia siempre acaba en la opresión de los débiles. En las crudas etapas de la carrera, vemos al hombre fuerte asumir por la fuerza bruta el liderazgo de su clan y agitar el gran garrote. Con el mismo motivo, más tarde, se hace soldado y con su ejército conquista a sus semejantes, pasando por la matanza hasta llegar a un trono. Esta es la Aristocracia de la Fuerza. Esta ventaja la transmite a su descendencia y así tenemos la idea del «Derecho Divino de los Reyes» y todos sus perniciosos resultados. Es la Aristocracia de la Herencia. Más tarde, a medida que los hombres se forman ideas más amplias de cultura, nace la Aristocracia de la Cultura y el Saber. Aquí los hombres sienten que porque se han tragado un currículo universitario de paganismo clásico, están elevados por encima de sus semejantes y no es coherente con el aprendizaje soportar las cargas de la sociedad. Luego, a medida que el genio creativo ha producido riqueza, hemos construido, especialmente en este país, una Aristocracia de la Riqueza, cuya clase ha insistido en su derecho a saquear al público y ultrajar la decencia «dentro de la ley», o a pesar de ella, y ha reclamado inmunidad frente al castigo debido a los criminales sociales.

Ahora, frente a la filosofía de la aristocracia, de los pocos privilegiados frente a los muchos desprotegidos, del egoísmo frente al bien público, tenemos este moderno levantamiento de las masas, el despliegue de una nueva democracia. Mira el arte. Hubo un tiempo en que los pintores, en su mayoría, sólo pensaban en lo magnífico, en lo sobresaliente de la naturaleza; ahora encuentran belleza en todas partes, en algún corte aburrido del camino, en algún prado con sus escenas pastorales o en una choza de campesinos con padres y lujuriosos manantiales alrededor de una simple tabla. Son suficientes para inspirar el genio del pintor moderno. De nuevo, fíjese en el campo de la literatura. Una vez el poema se inspiró en el lujo ocioso de la corte y se dedicó a alguna reina voluptuosa. Hoy nos inspiran las personas de carne y hueso a las que podemos conocer, amar y servir. Estamos aprendiendo a «Vivir en una casa junto al camino y ser amigo del hombre». Entonces mira la Ficción. Al final, los héroes o heroínas siempre tienen que pertenecer a la aristocracia. Ahora, en lugar de príncipes disfrazados y caballeros enmascarados y una interminable procesión de imposibles, tenemos un nuevo cuadro moral que se dibuja en los libros modernos en los que los héroes y heroínas se encuentran entre los hombres, que se sofocan en la fragua o las mujeres que están detrás de los mostradores. Estamos metiéndonos «dentro de la taza» y limpiando «los desagües» incluso bajo los púlpitos de «males sagrados». Estamos encontrando las fuentes de una nueva vida al ayudar a la gente que lucha contra el hambre en una bandeja de pan vacía. Esta misma tendencia puede observarse en la educación. El día en que el hombre culto se definía como el hombre que se había tragado a todos los dioses y diosas paganos ha pasado como tenía que pasar. Estamos aprendiendo que la educación no consiste en atiborrar a las personas con los escombros de las edades, sino en despertar los potenciales de la personalidad y soltar a un hombre en un mundo para que cree alguna utilidad. La nueva educación culmina con El reino de lo común. Estamos descubriendo que cada hombre y cada mujer tienen en sí mismos los elementos de la grandeza, que deben desarrollarse al máximo de la individualidad. Esta individualidad está encontrando su medio de inmortalidad a través del servicio social y así: «Los hechos comunes del día común. Tocan las campanas en la lejanía».

Siempre corremos el peligro de aferrarnos a cáscaras desechadas de la verdad y perder de vista el organismo vital que busca una nueva habilitación. Este mal es lo que yo llamo apendicitis social y en la frase clásica debe ser «extirpado», de lo contrario ponemos en peligro todo el cuerpo social. Ahora, en esta nueva democracia, este reino de lo común, todos podemos participar. No destruye la individualidad, sino que la crea. El altruismo es la ley de la vida y produce el máximo de personalidad. Llama a cada hombre a vivir para el bien público. Entrona a cada hombre como su propio sacerdote, profeta y rey. Cualquier religión, política o economía, que entregue el destino de las personas en manos de unos pocos, es peligrosa y debe ser resistida. El hombre que se emancipa de la esclavitud del egoísmo debe defender la emancipación de todos.

Ahora, amigos, a la luz de estos ideales, me parece que nuestra Fraternidad, basada como está en ideales de igualdad, puede ser un factor poderoso para superar estos antiguos males y entronizar al pueblo. Teniendo en cuenta la historia y utilizando adecuadamente los antiguos cimientos, deberíamos construir sobre ellos la estructura de «Libertad, Igualdad y Fraternidad», que realmente bendecirá al mundo. Es esta visión la que me emociona; es esta esperanza la que me hace unir mi pequeño ácaro al vuestro para que demos forma con verdaderas horizontales y erijamos con correctas perpendiculares el Templo de la Vida. Si éste es el espíritu que anima a nuestra hermandad, desempeñaremos bien nuestro papel en ese drama de la vida.

EL CAMINO DEL DEBER

Esta verdad nos llega más y más cuanto más vivimos, que en qué campo o con qué uniforme, o con qué objetivos cumplimos nuestro deber, importa muy poco, o incluso cuál es nuestro deber, grande o pequeño, espléndido u oscuro. Sólo encontrar nuestro deber con certeza y en alguna parte, y cumplirlo fielmente, nos hace hombres fuertes, felices y útiles, y sintoniza nuestras vidas en algún débil eco de la vida de Dios.

Phillips Brooks

La masonería no es una exposición de un ritual fabricado, ni una nueva revelación. Expresa los principios subyacentes que rigen todas las religiones que la raza ha amado, y se basa en las tradiciones acumuladas que son necesarias para la humanidad.

Sir Gilbert Parker

AGNOSTICISMO

El agnosticismo, tal como ahora se plantea, no supone simplemente la impotencia de la razón humana, sino de la divina; pues un Dios que el hombre no puede conocer es al mismo tiempo un Dios que. no puede darse a conocer. Nuestra incapacidad para llegar a Él es posible, sólo por Su incapacidad para hacerse inteligible.

Albert Pike

EL FATALISMO SUPERIOR

Sea el tiempo lento o rápido,
Enemigos mano a mano
Deben unirse al final
Y entiéndelo.
No importa cómo esté fundida la suerte
O que pueda parecer que gana,
¡Sabes que debes amar al fin!
¿Por qué no empezar?

Witter Bynner

LA GRAN TRAGEDIA

Por el Hno. Louis Block, P. G. M., Corresponsal Fraternal de Iowa

Respondiendo a muchas solicitudes, reproducimos el 'Epílogo' del Pasado Gran Maestro Louis Block en su informe como Corresponsal Fraternal de la Gran Logia de Iowa, como expresión del horror de la guerra mundial y la ruina causada a los vínculos más finos de la humanidad. Lo que la guerra significa para la masonería se muestra en la siguiente resolución adoptada por la Gran Logia Alemana, fechada en Berlín, el 29 de mayo de 1915: «En vista de la actitud de los masones italianos, quienes, inspirados por simpatizantes franceses, tomaron parte en la lucha política que condujo a la guerra, violando así el principio cardinal de la masonería que prohíbe expresamente tales métodos, la Gran Logia Alemana rompe por la presente todas las relaciones anteriores con la masonería italiana y francesa». Frente a los masones de otras tierras hostiles, la Gran Logia afirma la decisión adoptada en una fecha anterior, de que todas las relaciones de varios Grandes Cuerpos sean suspendidas desde el estallido de las hostilidades.

> Hermoso es el amor a la patria,
> El amor que da tan voluntariamente su vida...
> Pero, oh, anhelamos ese día más hermoso
> Cuando el amor no conozca fronteras.
> Cuando el hombre ama a su prójimo,
> Dondequiera que habite,
> Que se niegue a matarlo. Ni aún se atreven
> Envía un alma al más allá
> Mientras la experiencia de esa alma en la tierra
> Por lo que Dios la envió está incompleta.
> Hermoso es el amor a la patria
> El amor que da tan voluntariamente su vida...
> Pero que llegue pronto ese día más hermoso
> Cuando el hombre, aunque no ame menos a su patria
> Amará a su prójimo más que a la patria.

Cuando hace justo un año emprendimos nuestro viaje para visitar las Grandes Logias, lo hicimos con la mayor de las expectativas. Porque el mundo sonreía entonces bajo el sol de la paz, y la prosperidad de la gente en todas partes era de lo más agradable de contemplar. Involuntariamente fluyó de nuestros labios la frase santificada por tantos recuerdos sagrados: «¡Qué bueno y qué agradable es que los hermanos vivan unidos!».

Pero apenas los cálidos vientos del verano habían empezado a convertir el verde de los campos en el oro del grano maduro, cuando una nube oscura borró el paisaje iluminado por el sol y nos encontramos temblando bajo las sombrías sombras de una guerra espantosa.

Conmocionados y aturdidos, nos acobardamos ante un perfecto torbellino de odio, que parecía dispuesto a arrancar del corazón humano hasta el último vestigio de amor fraternal. Nunca el ojo humano había contemplado una guerra tan vasta, tan espantosa. La locura del asesinato y el ansia de matar parecían haber inflamado el corazón del hombre, y nadie sabía cuán pronto el horrible holocausto podría marchitar incluso el nuevo mundo con su plaga. Poderosas hordas de lo que una vez fueron hombres, dirigidos por líderes llenos de la lujuria del imperio, por cabezas coronadas incitadas por la codicia comercial, se arrasaron unos a otros y dejaron la tierra convertida en un residuo ennegrecido y humeante. Nación tras nación se ha deslizado en el diluvio y ha sido arremolinada en la vorágine de la locura. Mientras escribimos estas líneas, los hijos de la soleada Italia, después de haber resistido tanto tiempo a la tentación, han sucumbido por fin a la horrible infección y se dirigen hacia el norte, hacia la tierra de los teutones, arrastrados por el fuego de la conquista.

La locura parece estar en el aire, y nosotros, los de este lado, debemos refrenar nuestros deseos, dominar nuestras pasiones y rogar a Dios que nos dé fuerzas para resistir, o también nosotros seremos arrastrados por el horrible torrente de la flamígera destrucción. Piénsalo. Veintinueve millones de hombres lanzándose a degüello unos contra otros; ¿alguna vez se conoció un horror tan espantoso? ¿Civilización? ¿Hubo alguna vez una verdadera civilización? ¿La habrá alguna vez? ¿Los hombres nunca serán mejores que las bestias? ¿Cuál será el final de todo esto? ¿Volverá a sonreírnos la paz, o este mundo ensangrentado, quemado y penosamente agobiado estallará en astillas ennegrecidas como culminación de la catástrofe? Es mucho mejor que el hombre viva odiando al hombre, con el fuego del amor fraternal siempre frío y muerto en su corazón de piedra.

Y sin embargo, y sin embargo, los masones no podemos soportar que sea así. No podemos, no nos atrevemos a permitir que ocurra, que esta estructura de amor fraternal, que con tan doloroso y agudo esfuerzo hemos luchado tan firmemente por levantar a través de los siglos, se derrumbe y caiga en el polvo. No podemos permitir que el templo de la humanidad sea derribado sin piedad. Nuestros corazones claman contra cualquier desastre tan terrible como ese.

¿Por qué en cada Gran Logia que hemos visitado desde que estalló esta horrible guerra, el Gran Maestro ha deplorado con acentos desconsolados esta horrible cosa que nos ha ocurrido? ¿No era que sentía que los cimientos mismos de nuestra estructura estaban amenazados, de modo que se necesitaba un poderoso toque de trompeta para reunir a los hombres en torno al estandarte de la fraternidad humana, para hacer retroceder a las hordas de odio y salvar al hombre de su autodestrucción?

Cuando le quitas a la masonería su principio básico del amor fraternal no te queda nada, absolutamente nada, ni siquiera un nido de pájaros vacío del año pasado. Así, con tanto odio rondando por el mundo, la propia vida de nuestra orden está en juego.

Y en nombre del cielo, ¿por qué había que pelear? Antes de que estallara esta terrible guerra, los hombres vivían en relativa comodidad y felicidad, sin importar qué bandera ondeara sobre sus cabezas. La paz y la prosperidad reinaban a ambos lados de la línea que dividía nación de nación. ¿Qué le importaba entonces al ciudadano de a pie vivir en Francia o en Alemania? Cualquiera de los dos lugares era mejor entonces de lo que es ahora aquel en el que ambos se funden;

uno para el que no hay nombre más adecuado que «¡Infierno en la Tierra!».

¿Cuál fue la causa de todo? ¿Es cierto que las naciones no pueden soportar la prosperidad más que los individuos? ¿Hubo un afán de lucro que, bajo el pretexto de preservar la paz, construyó una vasta maquinaria militar hecha para asesinar a gran escala?

Precipitar la mayor guerra que ha conocido el mundo es apenas preservar la paz.

Al lado de esta estúpida pretensión de «luchar por la paz» se encuentra esa pretensión igualmente palpable de patriotismo, de patriotismo predicado con el único propósito de ocultar una pasión por el saqueo. ¡Fuera con un patriotismo tan vil como ese! Una nación que no puede tratar a otra con justicia, sino que tiene hambre de devorarla; que no está dispuesta a vivir y dejar vivir, no merece la pena morir por ella, y mucho menos vivir por ella. Cuando mi nación se vuelve tan loca de codicia que no hace lo correcto, entonces es mi deber, en una lealtad más elevada y noble hacia la humanidad, abandonar a esa nación a su suerte. Sin embargo, mi primer deber es intentar salvarla de sí misma. El grito «Mi país, bien o mal» es erróneo y no está bien. Deberíamos sustituirla por: «¡Mi país, que siempre tenga razón y no haga mal a nadie!».

¿Cuál es nuestro deber como masones estadounidenses en esta crisis actual? Sin duda, en lealtad a nuestro principio subyacente como institución; en lealtad al bienestar real del pueblo, debe ser sostener las manos de nuestro Presidente en la hora de su denodada lucha por la paz. Desde los días de Abraham Lincoln, ningún líder solitario en la Casa Blanca había suplicado tan pacientemente a su pueblo que prevalecieran la verdad, el derecho y el amor, y nosotros, indignos y traidores ingratos, no respondimos a su llamamiento.

Porque no defiende sólo la causa de América, sino también la de la humanidad, y si nosotros, haciendo oídos sordos a su llamada, nos unimos a las hordas sanguinarias de Europa, entonces también mereceremos y conoceremos el destino que seguramente será el suyo. «Porque los que toman la espada, a espada perecerán».

Aquí, en el mundo occidental, dos grandes naciones enfrentadas sin un ejército, un fuerte, ni un solo soldado para vigilar miles de kilómetros de frontera, han preservado durante más de cien años la paz que bendice a la humanidad, cosa que Europa, con los mayores ejércitos y las más poderosas máquinas de guerra que el mundo ha conocido, ha fracasado miserablemente en hacer.

Sí, hermanos míos, el camino del hombre hacia la esperanza y la alegría nunca es por el camino de la guerra, sino siempre por el camino de la paz. Como masones estamos aquí en la tierra para aprender a dominar nuestras pasiones y mejorarnos en la masonería, que, después de todo, no es más que otro nombre para el arte divino de la hermandad humana. Recemos para que seamos siempre fieles a nuestra misión, leales a la elevada vocación que nos corresponde, para que cada uno de nosotros, en su humilde lugar, haga todo lo que esté en su mano para acelerar la llegada del día...

Cuando los tambores de guerra ya no suenen,
Y las banderas de batalla están enrolladas
En el parlamento del hombre,
La federación del mundo.

Entonces, y sólo entonces, nos contentaremos con dejar la cuestión en manos del Gran Arquitecto.

SEGUIR LAS NORMAS

Por el Hno. J. N. Saunders, G.P.V., Kentucky

LA principal tendencia de los estudiosos de la masonería, manifestada por casi todos ellos, es crear un misticismo al que se da una interpretación forzada por la que se intenta conectar, como de origen simultáneo, los símbolos de la masonería con incidentes de la era precristiana.

Los hombres que se dedican a esto ensamblan hechos aislados, asumen como ciertos los eslabones que sean necesarios para completar la cadena y, en un éxtasis de deleite, exclaman: ¡Lo he encontrado! ¡¡Lo he encontrado!!

Para el hombre reflexivo, que se niega a seguir ciegamente, sino que exige que se le muestre, esta especie de interpretación masónica y esta clase de historia masónica es realmente risible. Una ilustración adecuada se encuentra en la interpretación ciegamente aceptada que se da como lección masónica de la cuadragésimo séptima proposición de Euclides: que Pitágoras, un ilustre miembro de la Orden, al descubrir que el cuadrado descrito en la hipotenusa de un triángulo rectángulo es igual a la suma de los cuadrados descritos en los otros dos lados, sacrificó cien bueyes. Esta lección, en su totalidad, tal y como se suele enseñar, carece de sentido y es históricamente incorrecta.

Pitágoras nació hacia el 582 a.C., y no hay ninguna inferencia histórica que justifique conjeturas inteligentes sobre el origen de la masonería más de mil años después de esa época, a menos que se consientan suposiciones tales que desacreditarían la veracidad de toda la historia.

Pitágoras fue un erudito y un viajero, y se le debe el honor de haber elevado las matemáticas al rango de ciencia. No tenía ninguna relación con la masonería, porque la masonería no existía. Pertenecía a una hermandad basada en el ideal de la abstinencia y la rusticidad, e incluso en la comunidad de bienes, pero en ningún tramo justificable de la imaginación puede relacionarse en modo alguno con ningún hecho que lleve siquiera a suponer razonablemente que era masón, o que la masonería, o cualquier organización anterior de la que se derivara, existiera en aquella época.

Cuánto más satisfactorio es para el hombre de inteligencia reflexiva descartar todas esas combinaciones de hechos, deducciones, imaginación, invenciones y puras tonterías, y mirar los hechos directamente a la cara. La masonería es una noble institución, el resultado gradual del instinto social divinamente implantado por el cual hombres de gustos similares se han unido en lo que ahora es una organización poderosa y cohesiva, pero cuyo crecimiento ha sido gradual, y hecho posible por hombres que no han dejado datos por los cuales juzgar con exactitud el lugar y el período de su origen. Su crecimiento fue un desarrollo lento que no atrajo la atención de los escritores de historia hasta su plena consecución. Los símbolos que ahora se emplean para transmitir sus preceptos han sido adoptados gradualmente, y no son sino el resultado del amor de todos los hombres por la expresión figurada de la verdad. ¿Por qué no buscamos un acercamiento directo a la razón de los símbolos empleados? La razón que se dirige, con sencillez, a la mente abierta es más digna de confianza que la que requiere genio para concebirla y páginas para expresarla, y cuya línea de razonamiento es tan oculta que entorpece el cerebro y desconcierta el entendimiento del hombre sencillo que, de manera sencilla, busca hechos sencillos en campos sencillos de verdades sencillas.

El diagrama geométrico aludido pero revela el hecho de que en un triángulo rectángulo el cuadrado de la línea de base sumado al cuadrado de la línea de altitud es igual al cuadrado de la línea que une sus puntos terminales y de cuya línea depende el ángulo perfecto.

Qué sencilla es la aplicación de esta figura al objeto mismo de la masonería: el carácter perfecto en el hombre. El cuadrado de los cimientos o línea de base representa los esfuerzos físicos del hombre, el cuadrado de la línea de altitud representa la elevación intelectual y moral del hombre, y la suma de sus esfuerzos físicos sumada a. la suma de sus aspiraciones intelectuales y morales forman su carácter. Como el cuadrado de la línea de base nivelada sumado al cuadrado de la altitud erguida es igual al cuadrado de la línea de la que depende el ángulo perfecto, así la suma de los esfuerzos físicos del hombre, si está nivelado con industria y honradez, sumada a la suma de su aspiración intelectual y moral, si está erguido, forman colectivamente el carácter del que depende el hombre perfecto.

¿Por qué entonces el diagrama geométrico no sirve como símbolo para retratar al hombre perfecto en lugar de recordar la legendaria matanza de reses por un hombre que no tenía ninguna relación con nuestra Orden? Es una explicación más satisfactoria para mí, y la misma objeción prevalece a muchas de nuestras tensas interpretaciones de coincidencias forzadas en las que algunos basan la conclusión de que Salomón realmente había sentido nuestro apretón y oído nuestra palabra secreta.

LOS VIENTOS DE DIOS

A través de los espacios azules,
A través de los vastos cielos,
Con aventar de alas poderosas
Los vientos de Dios pasan.
Por encima de los meres y las montañas,
Con sandalias invisibles calzadas,
Sobre las llanuras, con tensiones corales,
Barridos por los vientos de Dios.

MONUMENTOS A GRANDES HOMBRES QUE FUERON MASONES

Por el Hno. Geo. W. Baird, P. G. M., Distrito de Columbia

L A hermosa estatua de bronce de Federico el Grande, en Washington, es una réplica de la de Dresde, y fue regalada a los Estados Unidos por el actual emperador Guillermo. Se inauguró el 19 de noviembre de 1904.

No tiene la ubicación destacada que merece: Se encuentra en la Explanada, frente a la Escuela de Guerra del Ejército, al pie de la calle Cuatro y Media, cerca del extremo sur de la ciudad, y está fuera del paso habitual de los turistas.

A la inauguración y dedicación de esta espléndida obra de arte asistió todo el Cuerpo Diplomático, oficiales de uniforme de todos los Cuerpos del Ejército y de la Armada en uniforme de gala; Jueces del Tribunal Supremo de los Estados Unidos, Gobernadores de Estados, etc.

Entre los invitados especiales se encontraba el general Lowenfeld, representante del Kaiser.

Los topes, que sujetaban el velo, fueron rotos por la baronesa Von Sternberg, esposa del embajador alemán. La invocación corrió a cargo del obispo (episcopal protestante) de Washington, Sr. Satterlee: El discurso de presentación corrió a cargo del Embajador de Alemania, el Barón Von Sternberg; el de aceptación, del Sr. Roosevelt, Presidente de los Estados Unidos; el discurso principal fue pronunciado por el Honorable Charlemagne Tower, nuestro Embajador en Alemania, y la bendición fue pronunciada por el Reverendo Sr. Menzel, de la Iglesia Luterana Alemana.

Después de que el presidente hubiera manifestado su aceptación de este memorial del emperador de Alemania, el presidente recibió una protesta contra su aceptación e instalación por parte de la Federación Católica Polaca, cuya sede se encuentra en Chicago; pero el presidente ya lo había aceptado.

Sin embargo, el 19 de enero siguiente (menos de dos meses después de la inauguración), uno o varios desconocidos hicieron estallar una bomba de gran potencia en la base de la estatua. La bomba tenía una espoleta de tiempo, lo que dio al vándalo la oportunidad de escapar. La herida de la estatua era pequeña.

Se sospechó de la Federación Católica Polaca, pero posteriormente se detuvo en Nueva York a un irlandés contra el que había pruebas, pero fue puesto en libertad alegando demencia.

La protesta de la Federación Católica afirmaba que Federico II era un déspota y que la estatua no debía encontrar lugar en «un suelo sacralizado por la sangre de los mártires de la libertad».

Federico el Grande era admirador de Jorge Washington y amigo de la nueva República: No hay que olvidar que la guerra de Jorge III contra las Colonias fue impopular en Gran Bretaña: tanto que el rey fue incapaz de conseguir hombres en Inglaterra para alistarse y se vio obligado a ir a Hesse Darmstat y al castillo de Hess, en Alemania, para contratar a los «hessianos» para luchar contra los colonos: Fue entonces cuando Federico el Grande se enteró y prohibió nuevos alistamientos de alemanes con este fin. Federico el Grande envió una espada a Washington con el Mensaje: «Del general más antiguo con vida hasta el general más grande».

> Federico el Grande era masón del grado 33, y tiene el mérito de haber revisado el Ritual del Rito Escocés, dándonoslo sustancialmente como lo tenemos ahora.

LA PATRIA

¿Dónde está la patria del verdadero hombre?
¿Es allí donde nació por casualidad?
¿No desprecia el espíritu anhelante

¿En unas fronteras tan escasas para ser atravesadas?
¡Oh, sí! Su patria debe ser
Como el cielo azul ancho y libre
¿Es solo donde está la libertad,

¿Dónde Dios es Dios y el hombre es el hombre?
¿No reclama una mayor amplitud
Del amor del alma al hogar que esto ?
Oh, sí; su patria debe ser
Como el cielo azul ancho y libre.

Donde el corazón humano se viste
La corona de mirto de la alegría o los girones de la tristeza,
Dondequiera que el espíritu humano se esfuerce
Tras una vida más verdadera y justa,
Ahí está el gran lugar de nacimiento del verdadero hombre,
La suya es una patria mundial.

Donde un solo esclavo suspira,
Cuando un hombre puede ayudar a otro...
Gracias a Dios por tal derecho de nacimiento hermano...
¡Ese pedazo de tierra es tuyo y mío!
Ahí está el gran lugar de nacimiento del verdadero hombre,
La suya es una patria mundial.

James Russell Lowell

EL NOMBRE INEFABLE

Por el Hno. Geo. W. Warvelle, Illinois

(Esparcidos por los informes del Hermano Warvelle, como Comité de Correspondencia Fraternal del Gran Capítulo del Arco Real de Illinois, hay muchos pequeños ensayos eruditos y sabios sobre asuntos de vital interés e instrucción. Estos pequeños ensayos merecen una amplia lectura por su exactitud, su lucidez y su importancia para el Oficio, y se nos permite, por la amabilidad del autor, reproducirlos de vez en cuando; comenzando con la siguiente pequeña joya, que dará a nuestros lectores un anticipo de lo que está por venir. El Editor).

Con frecuencia oímos el interrogatorio: «¿Qué hay en un nombre?». Y, normalmente, la pregunta así formulada está preñada de la respuesta: «Nada». De hecho, se trata de una opinión generalmente aceptada. Pero, ¿es realmente cierto? Investiguémoslo un poco, por la razón, si no otra, de que lo que se conoce como el Nombre inefable es la esencia misma del sistema masónico.

Al parecer, en el pensamiento primitivo el nombre personal de un individuo no se consideraba un mero atributo, una simple designación. Por el contrario, se trataba como parte integrante del propio hombre, de su ser. De ahí se deducía que una injuria o insulto a un nombre reaccionaba sobre la persona que lo llevaba. A pesar de nuestro gran avance intelectual, ¿hemos superado por completo este pensamiento primitivo? Considere su propio caso. ¿No parecería como si hubieras perdido tu personalidad si te privaran de tu nombre? ¿Puede usted, por cualquier esfuerzo de la imaginación, desvincularse realmente de ella? ¿Acaso una injuria a tu nombre no sigue siendo resentida por ti como una injuria a ti mismo, a ti, el Ego consciente? Entonces, ¿no es tu nombre, de hecho, una parte de ti mismo? Y, siendo esto cierto, ¿no es fácil extender la idea, con mayor fuerza aún, al nombre de la deidad? Como bien ha dicho el profesor Brinton, «a efectos prácticos de la vida, el nombre confiere o crea personalidad. Este hecho ejerció una profunda influencia en el desarrollo más temprano de la religión. El vago sentido del poder espiritual se centró por primera vez en la idea de un individuo, o de un dios personal, cuando recibió un nombre». Y podemos entender fácilmente, si los nombres de los hombres eran tan apreciados, cuán sagrados debían ser los nombres de los dioses. Y podemos entender mejor por qué esta característica se ha convertido en un componente de todas las religiones si recordamos que su base es la concepción primigenia del nombre como parte del Ser.

También se pensaba en una época anterior y más grosera, como todavía se piensa entre muchas tribus salvajes, que el poder esencial de la deidad se alojaba en el nombre, y que el conocimiento de este nombre permitiría ejercer prácticamente el mismo poder que la propia deidad. Y así, encontramos que los dioses del mundo antiguo ocultaban sediciosamente sus nombres.

Esto es particularmente cierto en el caso de las naciones semíticas, y se ha conjeturado que fue el temor a que su deidad fuera sometida de algún modo, mediante el uso malicioso de su nombre por parte de un enemigo, lo que llevó a los primeros judíos a ocultarlo tan eficazmente que ahora se ha perdido. Este nombre -el verdadero nombre divino- como no debía ser pronunciado, ha llegado a ser descrito como el «Nombre Inefable» y como tal figura en los símbolos, rituales y filosofía de la Francmasonería.

Es un hecho curioso, sin embargo, que la doctrina del Nombre inefable no se limita a ninguna forma de religión, ni a ningún pueblo o época en particular. Se encuentra en las supersticiones más rudimentarias de las razas salvajes, así como en las creencias más desarrolladas de los pueblos civilizados. Pero esto no es más que otra prueba, si tal fuera necesaria, de una creencia generalizada del hecho de que el nombre es de la esencia del ser.

* * *

En la actualidad, la transcripción actual del tetragrámaton J H V H es Jehová, pero tanto la pronunciación como la derivación de este nombre siguen siendo objeto de controversia. Según algunos críticos modernos, el nombre deriva de los nombres de divinidades egipcias, supuestamente nacionalizadas por Moisés. Otros lo derivan de una forma asiria del nombre divino, pero todas estas derivaciones son en gran medida conjeturales. Algunos eruditos sostienen que, como nombre de la deidad nacional, debía ser anterior a la época de Moisés, ya que el nombre de la madre de Moisés está compuesto con él. Sin embargo, en su mayor parte se considera que Jehová fue originalmente un dios familiar o tribal, bien de la familia a la que pertenecía Moisés, bien de la tribu de José. Que, de hecho, no era más que un nombre especial de El que se hizo corriente en un círculo poderoso y que, por ello, era el más adecuado para convertirse en la designación del dios nacional.

En los primeros periodos de su historia, el nombre no se asociaba a ninguna idea tan elevada como la de «creador», pero a medida que la religión de Israel se desarrollaba en espiritualidad y profundidad, se invistió de significados nuevos y más ricos. Así, también, Jehová era estrictamente el Dios de Israel, y no fue hasta mucho, mucho tiempo después, que llegó a ser considerado como el Dios del Universo.

Hasta ahora hemos empleado el nombre de Jehová, pero éste no es realmente una palabra de ningún idioma, ni tampoco es el nombre que ahora reconocen y usan generalmente los eruditos bíblicos. Los judíos de épocas posteriores, al menos, bien por temor religioso, bien por un malentendido del Ex. XX, 7; Lev. XXIV, 16; se abstenía de pronunciar el nombre divino, y siempre que aparecía en la lectura lo sustituía por la palabra Adonai (Señor). Como sólo se escribía el contorno consonántico de la palabra (así, J H V H), con el tiempo se perdió la verdadera pronunciación. Posteriormente los revisores de las escrituras judías, conocidos como los Masoretas, puntuaron este contorno consonántico con las vocales e (por a) o a de la palabra Adonai (Adonay) y así obtenemos el nombre actual que, como se percibirá, es claramente una forma híbrida. Sin embargo, en la actualidad existe un consenso general entre los eruditos en que la verdadera pronunciación del nombre es Jahwe (Yahwe), una conclusión que se apoya no sólo en el argumento lingüístico derivado del hecho de que las diversas formas contraídas en las que aparece el nombre, ya sea por separado o en nombres propios compuestos, son todas reducibles a Jahw, sino también en el testimonio de la tradición antigua.

* * *

El significado del nombre está envuelto en cierta oscuridad. No parece que la frase hebrea se preste muy fácilmente a la traducción al inglés idiomático, y los eruditos no están totalmente de acuerdo con respecto a su etimología. La traducción proporcionada por la Versión Autorizada de las Escrituras en Éxodo III, 14, «Yo soy el que soy», es el empleado en todas las liturgias masónicas. La Versión Revisada ofrece la misma traducción con las lecturas marginales: «Soy porque soy» o «Seré que seré». La versión Douay, siguiendo la Vulgata latina, lo traduce «Yo soy el que soy», y-» El que es». La traducción castellana de la Septuaginta parece ser: «Yo soy el que es», o «el que existe». Los biblistas, por regla general, traducen la frase «seré lo que seré» por «seré». Esta última parece ser la verdadera lectura gramatical, ya que las palabras, en el original, están en tiempo futuro. La raíz, sin embargo, es «ser», y el significado esencial en todas las Escrituras es «el ser» o «lo eterno».

Sin embargo, como ya se ha dicho, la etimología de la palabra Jahwe sigue sin estar clara y muchos críticos bíblicos opinan que la mejor traducción es «el que hace que sea» o «el que hace que suceda». En la actualidad, esta opinión es compartida por un gran número de personas. Se percibirá que aún enfatiza el hecho esencial de ser y, se sostiene, de una manera mucho más satisfactoria que el vago «seré lo que seré». También está más en consonancia con las opiniones de los israelitas sobre la Deidad en la época de su probable origen.

Pero, independientemente de cómo traduzcamos la frase, o incluso aunque seamos incapaces de expresar su significado con palabras, las ideas que connota son la concepción más elevada de Dios que se puede concebir -sublime y completa-, el gran misterio de la Naturaleza que está en el corazón de todas las cosas y que conecta todas las cosas en un todo. Pero ese gran misterio tal vez nunca lo conozcamos, pues no es dado a lo finito comprender lo infinito. Como conclusión adecuada, cito las palabras de Kant (*Crítica del Juicio*, pág. 197):

Quizás no haya en toda la composición humana un pasaje de mayor sublimidad, ni entre todos los pensamientos sublimes ninguno que haya sido más sublimemente expresado, que el que aparece en la inscripción del templo de Isis (la Gran Madre Naturaleza).

Yo soy lo que es, lo que ha sido y lo que será; y el velo que cubre mi rostro, ninguna mano mortal lo ha levantado jamás.

Mi hermano se arrodilla

Mi Hermano se arrodilla, eso dice Kabir,
A piedra y latón en sabiduría pagana,
Pero en el alma de mi hermano oigo
Mis propias agonías sin respuesta;
Su Dios es como su destino le asigna;
Su oración es la de todo el mundo... y la mía.

Poemas de Kabir

EL MAESTRO

ESCUCHA ahora la historia de una palabra tal y como nos ha llegado desde tiempos remotos. En los antiguos gremios de artesanos, los hábiles metalúrgicos de la Edad Media, un aprendiz trabajaba durante siete años en sus tareas. Cuando por fin su mano estaba entrenada, y había forjado alguna cosa hermosa, tal vez en plata batida, la llevaba al Maestro del Gremio y decía: «¡Contemplad mi experiencia!». Después de haber trabajado durante siete largos años, la suma de toda su apasionada paciencia y aspiración estaba en ese pequeño trozo de metal brillante; era un símbolo de su carácter que, como nos dice la palabra, es algo tallado.

Como todo hombre que realiza una tarea delicada y difícil, había cometido muchos errores, había estropeado muchas piezas de metal, había desafilado el filo de muchas herramientas. Había pasado dolorosos días y noches de trabajo, y su Obra Maestra, su Experiencia, era la suma y la recompensa de todos sus Experimentos. Se había entregado a su tarea con entusiasmo; había obedecido a su Maestro; su fe le había hecho fiel... y el todo estaba en ese pedacito de plata. Ahora puede coger su kit de herramientas y salir como un oficial, un maestro de su oficio.

Esta historia es una parábola de cómo un hombre se convierte en Maestro Masón, no por recibir un Grado, sino por el logro de un dominio habitual de sus apetitos y pasiones por la Razón y el Sentido Moral; un dominio habitual, como Pike nos recuerda, no un dominio que nunca falla porque ese es un trofeo que pocos mortales ganan en este mundo. La tarea de todo hombre consiste en tomar la materia prima de su vida, con independencia de la pasión ardiente o de la dura herencia que pueda contener; tomarla tal como es, y con paciencia a pesar de los errores, con perseverancia frente a los fracasos, con lealtad a un Ideal y fidelidad a un noble Plan de Vida, darle forma hasta convertirla en una belleza constante y un valor perdurable.

Ningún hombre que lo haya intentado necesita que le digan que no es tarea fácil, aunque para algunos es más fácil que doblar a otros: fue más fácil para Emerson que para Burns, que tanto lo intentó y tanto fracasó. Por la misma razón, puesto que cada hombre libra una dura batalla, nadie puede vanagloriarse de sus semejantes; y si, por razón de un poder poco común o de una ascendencia más dulce está libre de los fracasos de sus padres, razón de más para que sirva de inspiración y ayuda a sus semejantes. Ningún hombre obtiene esta victoria de una vez por todas. El que crea estar en pie, que tenga cuidado de no caer, porque los enemigos de Mansoul son muchos y muy astutos.

Como dijo Huxley, «no hace falta mucho del hombre para ser cristiano, pero hace falta todo lo que hay en él», y podría haber añadido que hace falta todo su tiempo. De la misma manera, si uno quiere ser Maestro Masón de verdad, y no sólo de nombre o por llevar una insignia, encontrará que se le pide todo lo que tiene de sabiduría e ingenio, mientras divide su tiempo en el trabajo, el descanso y el servicio a los suyos. Qué bien sabía Wordsworth a quién escribía:

> Es la más difícil de las tareas mantener
> Alturas que el alma es competente para ganar:
> El hombre es de polvo.

y como todos estamos hechos del mismo polvo, nos corresponde ser gentiles como nos corresponde ser justos. Cada vez más, a medida que envejecemos y aprendemos los peligros del rugido y recordamos cuántas veces hemos fracasado y cuántas hemos errado, las palabras de Goethe vienen a mi mente

> Si durante nuestra vida vemos que otros realizan aquello a lo que nosotros mismos sentimos una llamada anterior, pero nos habíamos visto obligados a renunciar, con mucho más, entonces entra en la mente el hermoso sentimiento de que sólo la humanidad unida es el verdadero hombre, y que el

individuo sólo puede ser dichoso y feliz cuando tiene el valor de sentirse a sí mismo en el todo.

He aquí la gran Fraternidad en cuya heroica e inspiradora comunión vivimos, y por cuya inspiración podemos ganar la victoria: ¡el hombre en Dios, y Dios en el Hombre queriendo ser el Dios! Sin embargo, en cada alma hay algo único, algo que no se encuentra en ningún otro lugar, una belleza peculiar, particular, preciosa, como no hay dos hojas iguales en un árbol, ni dos puestas de sol iguales. Cada hombre debe investigar para encontrar esa Perla de la Eternidad escondida en su propia alma; esa estrella que brilla sólo para él - «Mi Estrella», como la llamó Browning; y habiéndola encontrado, que la siga y se encontrará a sí mismo, a su Hermano y a su Dios. Aun así, cada uno de nosotros, por el dominio de sí mismo, puede añadir una perla de gran precio a la riqueza común; cada uno puede poner una nueva estrella en ese cielo que se arquea sobre nuestro mundo humano.

Aunque un hombre gane riquezas y el aplauso de la fama, y no tenga Caridad, no es nada; aunque sacuda al mundo con su elocuencia y pierda el alto premio de «autoconocimiento, autorreverencia y autocontrol», aunque los hombres erijan un obelisco de oro sobre su tumba es un monumento a un fracaso. Sólo es sabio quien vive una vida sencilla, sincera, fiel, construyendo en la Plaza por la Plomada, trabajando a la luz de la Eternidad; como diría Browning, si alteráramos una sola palabra de sus versos...

La masonería es todo o nada; no es una mera sonrisa
De satisfacción, suspiro de aspiración, señor:
Ninguna calidad de la arcilla templada más fina
Como su blancura o su ligereza; más bien, cosas
De la materia misma: la vida de la vida y el yo del yo.

MAESTROS DEL MAÑANA

Naturalmente, en una Sociedad de más de diez mil miembros se encuentran hombres de diferentes tipos de pensamiento, así como de diferentes grados de interés y formación; y no es fácil editar una revista en la que todos encuentren la misma inspiración y valor. Lo que atraerá al estudiante veterano a menudo está por encima de la cabeza del joven que, aunque es el Maestro de su Logia, es realmente un Aprendiz en el estudio de la historia y la filosofía de la Masonería. Muchos hombres, muchas mentes; pero estamos encontrando el alcance, y aunque es difícil dar en tantos blancos al mismo tiempo, nuestro objetivo es llegar a todo hombre que tenga interés en la masonería.

Francamente, como hemos confesado más de una vez, nuestra principal preocupación son los jóvenes, los cabezas de chorlito, ¡que Dios los bendiga! - que ocuparán nuestros puestos y guiarán a la Fraternidad en los días venideros. Hace sesenta años Robert Lowe, en los inicios del movimiento de Extensión Universitaria en Inglaterra, hizo el lema: «Debemos educar a nuestros maestros»; y esa es también una necesidad en el desarrollo de la masonería. Más hombres jóvenes nuevos en el estudio de la masonería se inscriben en esta Sociedad que en cualquier otro cuerpo de estudiantes masónicos en la tierra; y es de vital importancia para el futuro de la Orden que se inicien correctamente, no sólo en cuanto a los hechos de la historia masónica, sino también, y mucho más, en cuanto a su espíritu, su significado y su misión entre los hombres.

A menos que los maestros del mañana sean llevados a ver claramente lo que es la masonería, lo que está tratando de lograr, y en qué espíritu trabaja, el futuro sufrirá de un malentendido, si no un mal uso, de la masonería. Una vez que vean realmente lo que es la masonería, no pensarán en ella como una especie de anexo secreto a la vida de club de la época, o lo que es aún peor, como una mera arma con la que luchar contra un partido o una secta. Sabrán que es una gran confraternidad de hombres libres para la práctica de la rectitud y el cultivo de la buena voluntad, que busca formar hombres para el servicio de la humanidad, curar la amargura del mundo y promover su paz.

En este sentido nos esforzamos, buscando la verdad por amor a ella y por la libertad que da, insistiendo en que se distingan los hechos de las conjeturas, y la historia de la tradición; concediendo al ocultista toda la libertad para explotar su fantástica filosofía, pero recordándole que la gloria de la Masonería es su simplicidad, su enseñanza moral, su fe espiritual y su valor práctico. Tampoco podemos desviarnos ni un ápice del camino por el que caminaron nuestros padres, en cuya tradición nos mantenemos y sobre cuyos cimientos construimos; teniendo en mente a los jóvenes que han de hacer el futuro más grande que el presente, y amando a la masonería más de lo que amamos cualquier teoría sobre ella.

INVESTIGACIÓN REAL

El ensayo sobre la influencia de la masonería en la liberación de América Latina que aparece en este número, al igual que la tesis del Hermano Street en el último número de *The Builder*, es un verdadero trabajo de investigación, tan interesante como valioso. Afortunadamente, podemos presentar ambos admirables artículos en su totalidad, sin dividirlos en secciones, como, por desgracia, tuvimos que hacer con la espléndida serie del Gran Maestro Johnson que ahora llega a su fin. El Hermano Hemenway es ampliamente conocido en otros campos de la labor académica, como por ejemplo su monumental volumen, que se ha convertido en un tratado estándar, sobre «Principios jurídicos de la administración de la salud pública», que funde las dos ciencias del derecho y la medicina en la única ciencia de la salud pública. Su interés por la masonería latinoamericana surgió de su trabajo en el equipo literario del *Chicago Evening Post*, y su ensayo es fruto de una larga investigación en un campo hasta ahora poco explorado.

Robert Burns solía considerar a sus contemporáneos como un 'escuadrón extraño,' pero nosotros no tenemos tal opinión hacia nuestros compañeros de trabajo, aunque desearíamos que algunos de ellos corrigieran sus maneras, como cuando nuestros Hermanos toman nuestro pequeño párrafo sobre '¿cuándo es un Hombre un masón?' y lo presentan como si fuera propio. No importa; lo que queríamos expresar era nuestro aprecio por la sección llamada 'Los Problemas Más Profundos,' dirigida por el Hermano Frank Higgins, en el *Masonic Standard* de Nueva York. Tampoco olvidamos los cuidadosos y precisos ensayos del Hermano J. L. Carson, contribuidos al *Virginia Masonic Journal*, una selección de los cuales en forma permanente haría un libro que valiera la pena. Los lectores de estas páginas pronto conocerán cara a cara al Hermano Carson, y estamos seguros de que coincidirán con nosotros tanto en la calidad de su obra como en la finura de su espíritu.

EDUCACIÓN MASÓNICA

El Gran Maestro Bledsoe, de California, en una carta a las Logias de su Gran Jurisdicción en relación con el estudio de la masonería, tiene algunas cosas pertinentes que decir sobre la necesidad y las dificultades de la investigación masónica. Anuncia el nombramiento de un Comité de Educación Masónica -que ya está en conferencia con esta Sociedad- para formular un plan de procedimiento. Unas pocas frases mostrarán la deriva de la carta del Gran Maestro:

Hay entre los Hermanos un pronunciado anhelo, así como la necesidad de información y educación adicionales en las líneas del verdadero espíritu, propósito, filosofía y destino de la Masonería... Tanto los masones como los profanos aprecian cada vez más el hecho de que el verdadero genio de la institución no reside en sus obligaciones, conferencias, trabajo en el suelo o mero modo de funcionamiento, sino en su concepción más amplia: su relación con la vida humana, su oportunidad para el verdadero servicio, su desarrollo del elemento social y fraternal en la constitución del hombre. Esta tendencia se hace evidente en las sugerencias y solicitudes que llegan a la oficina del Gran Maestro, de vez en cuando, para el servicio de aquellos que, conocedores de la sabiduría masónica, las tradiciones y el simbolismo, pueden interesar e instruir a los Hermanos a través de artículos, conferencias y similares. En este sentido, me he sentido extremadamente cauteloso a la hora de recomendar a cualquier conferenciante masónico ambicioso que sienta la «llamada» de salir e instruir a la fraternidad. . . El tema de las conferencias masónicas es una cuestión que merece verdadera preocupación. El «simbolismo masónico», un tema frecuente, así como una fuente de inspiración, debido a sus límites y posibilidades ilimitadas, ha sido en algunos casos sobreexplotado. En la misma línea, gran parte de la llamada «historia masónica», tal y como la exponen los conferenciantes, no es ni más ni menos que «histeria masónica».

CORRESPONDENCIA

ESE PRIMER MASÓN DEL RITO ESCOCÉS

Estimado Hermano Editor: Me parece que el Hermano Warner en su carta titulada el Primer Masón del Rito Escocés, tergiversó las cosas en cuanto a hechos y fechas. Es sin duda una noticia leer que «Morin fue comisionado por el Gran Oriente de Francia para llevar el Rito de Perfección a América del Norte», mientras que su comisión llevaba la fecha del 27 de agosto de 1761, es decir, diez años antes de que el Gran Oriente de Francia llegara a existir. Como su encargo se ha impreso tantas veces, no sé cómo alguien ha podido caer en semejante error. Algunos escritores dicen que Morin fue comisionado por el «Consejo de Emperadores», otros por la Gran Logia de Francia, y que su comisión fue firmada por ocho personas y por Daubantin, «por orden de la Gran Logia». Pero nadie puede pretender que fuera autorizada por el Gran Oriente antes de que existiera ese organismo.

Tampoco es correcto decir que Morin era masón del Rito Escocés. El error es bastante común -incluso Samuel Oppenheim, en su historia de «Los judíos y la masonería en los Estados Unidos antes de 1810» tropieza con él- pero esa es una razón más para señalarlo y corregirlo. Por supuesto, un editor no puede llevar la cuenta de todos sus corresponsales, pero creo que este asunto es lo suficientemente importante como para llamar su atención sobre él, en beneficio de otros que puedan sentirse confundidos por él. Reciba un fraternal saludo y mis mejores deseos.

Russell Furgeson, Ohio

El Hermano Furgeson tiene toda la razón tanto en lo que se refiere a que la Comisión de Morin no está autorizada por el Gran Oriente de Francia, como en lo que se refiere al error, demasiado común, de llamar a Morin masón del Rito Escocés; y le agradecemos que haya llamado la atención sobre los hechos. Morin nunca fue masón del Rito Escocés, ni Francken, ni Hays.

Todos ellos pertenecían al Rito de Perfección, que constaba de veinticinco grados, y no al Rito Escocés Antiguo y Aceptado, que consta de treinta y tres grados.

Incluso los historiadores masónicos, como señala el hermano Furgeson, caen continuamente en este error, y con ello empeoran la confusión. El Cuerpo de Albany, creado en 1767, pertenecía al Rito de Perfección, al igual que los Cuerpos de Charleston, creados en 1783. No tuvimos Rito Escocés en este Continente hasta que el Coronel John Mitchell y el Dr. Frederick Dalcho establecieron el Supremo Consejo para los Estados Unidos el 31 de Mayo de 1801. Por la amabilidad de un Hermano del Rito, tenemos este testimonio del Hon. Giles Fonda Yates, Gran Comandante del Supremo Consejo de la Jurisdicción Masónica del Norte, en un discurso pronunciado por él el 5 de septiembre de 1851, al Supremo Consejo del Norte. En el transcurso de su discurso, el Hermano Yates dijo que, después de haber resucitado la Logia de Albany, Nueva York, fundada por Francken, uno de los diputados de Morin:

"Habiendo sido informado de la nueva Constitución del Grado 33, ratificada el 1 de mayo de 1786, que confería el Poder Supremo sobre nuestro Rito a los Consejos de nueve Hermanos, me apresuré a ponerme en correspondencia con Moses Holbrook, M.D., en ese momento Soberano Gran Comendador del Supremo Consejo en Charleston, y con mis estimados amigos, Joseph McCosh, Gran Secretario del Consejo antes mencionado, y el Hermano Gourgas, en ese entonces Gr. Sec. Gen. de la H. E. para esta Jurisdicción Norte. Las Logias de Perfección en los

Condados de Montgomery, Onondage, Saratoga y Monroe en el Estado de Nueva York, fueron sucesivamente organizadas, y colocadas de acuerdo con las Constituciones bajo la superintendencia del Gran Consejo antes nombrado. El establecimiento de este último Cuerpo nombrado fue confirmado, y todos nuestros procedimientos en la 'Francmasonería Sublime' fueron legalizados y sancionados por las únicas autoridades legales en los Estados Unidos, los Consejos Supremos antes mencionados."

Por supuesto, que el Hermano Warner continúe sus estudios y presente a la Iglesia los resultados de sus investigaciones, pero el valor de su trabajo aumentará si tiene en cuenta estos hechos y distinciones. Hace quince años, el Hermano George F. Moore, ahora Soberano Gran Comendador del Supremo Consejo de la Jurisdicción Sur, dijo que la historia del Rito Escocés no se había escrito, y esa afirmación sigue siendo cierta. He aquí un campo rico para un estudiante cuidadoso.

El Editor

POESÍA MASÓNICA

Querido hermano: - Me ha complacido mucho la selección de poesía en *The Builder*. Para todo Hermano que se haya esforzado por dominar sus pasiones y mejorar en la masonería, hay infinitas alusiones a la masonería no sólo en la literatura y en la vida social, sino también en la Naturaleza. Si tiene espacio libre en algún momento en el futuro, creo que muchos Hermanos nunca han visto el hermoso poema del Hermano Greenleaf «El Templo», y les haría bien leerlo.

También he aplicado con mucho provecho los bellos pensamientos de Gerald Massey a mi ideal de la masonería. Toda nuestra enseñanza masónica se centra tanto en el pensamiento de la Inmortalidad, que esto de Massey no puede estar fuera de lugar en nuestra literatura:

Aunque sus rasgos se desvanecen a la luz de una dicha inimaginable,
Tenemos sombrías revelaciones de un Mundo Mejor que éste:
Un pequeño vistazo cuando la primavera desvela su rostro y abre los ojos
De la Bella Durmiente en el alma que despierta en el Paraíso;
Una gotita de Cielo en cada diamante de la ducha
¡Un soplo de lo Eterno en la fragancia de cada flor!
Una pequeña vibración baja en el gorjeo del pájaro de la Noche
De las alabanzas y la música que se oirán en adelante.
Un pequeño susurro en las hojas que aplauden e intentan
Para alegrar el corazón del hombre, y elevar al Cielo su mirada agradecida.
Una pequeña semblanza reflejada en la sonrisa y el ceño fruncido del
    viejo Océano.
De su inmensa gloria que inclina los cielos y desciende.
Un pequeño símbolo que brilla a través de los mundos que se mueven
    en reposo
¡Sobre cimientos invisibles del ancho pecho Todopoderoso!
Un pequeño indicio que agita y emociona las alas que plegamos en
    nuestro interior,
Y habla de ese cielo lleno allá, ¡que debe comenzar aquí!
Un pequeño manantial que brota de la fuente de arriba,
¡Que toma su camino terrenal para encontrar el océano de todo amor!
Un pequeño escalofrío de plata en la ondulación del río
Atrapado por la luz que no conoce la noche ¡para siempre jamás!
Una pequeña semejanza oculta, a menudo descolorida y mancillada
Del grande, del buen Padre, en su más pobre hijo humano.
Aunque lo mejor se pierda a la luz de la dicha inimaginada,
Tenemos revelaciones sombrías de un Mundo Mejor que este.

    La primera parte de esta carta fue escrita hace un mes, y adjunto una copia de «El Templo» del Hermano Greenleaf, que en mi opinión es el poema masónico más bello, excepto «Cada Año» de Pike. Recuerda esto también, mamá Massey: «No hay camino que el hombre haya recorrido jamás, por la fe o buscando la luz, sino el que termina en Dios».

Fraternalmente suyo,
S. H. Shepherd, Wis

Entre la primera parte de su carta y la última, el Hermano Shepherd nos ha hecho una visita, y no viviremos lo suficiente para olvidarla. Es un hombre por el que la masonería ha hecho mucho, y que haría algo por la masonería a cambio, uno que busca, lo que todos nosotros buscamos ser lo que San Pablo dijo que debíamos ser, «poemas de Dios». Su estudio de Landmarks le ha dado a conocer a nuestros lectores, como confiamos lo hagan otros estudios suyos en días venideros. Cicerón aconsejaba a los hombres ocupados, especialmente a los abogados -pues él era abogado-, que leyeran un poco de poesía cada día, aunque sólo fuera para mantener abierta una ventana hacia la Ciudad de la Luz.

De lo contrario, dijo, el alma se secará y endurecerá entre el polvo, el estrépito y la hojarasca de nuestro trabajo. Teniendo presente este peligro, hemos creído conveniente seleccionar para nuestras páginas fragmentos de gran música, si así sus melodías pueden acompañar el trabajo de los Constructores. El hermano Shepherd comprende nuestro propósito y nos ha enviado dos dulces canciones; quizá otros hagan lo mismo.
- El Editor.

"VIAJAR"

Estimado Señor y Hermano: - En primer lugar, permítanme felicitarles de todo corazón por su éxito en la elaboración de una revista digna de las mejores de la masonería. Podría ser injusto decir que *The Builder* es la primera publicación masónica periódica en la que se unen la inteligencia, el alto propósito, la reverencia y la habilidad literaria, pero es la primera que he visto. Fieles a los Landmarks y al espíritu de la Fraternidad, conocéis la diferencia entre historia y tradición, y entre hecho y alegoría. Es peligroso confiar la interpretación de nuestro ritual a un hombre de mente literal, o a la de un visionario. Afortunadamente, usted no es ninguna de las dos cosas.

Pero mi deseo actual es sugerir lo que creo que es el significado alternativo de la palabra «viajar», tal como se utiliza, por ejemplo, en la frase «viajar durante al menos un año». No siempre significa viaje, creo, sino a veces trabajo; y es la misma palabra que hoy en día suele escribirse «travail». La palabra en su ortografía actual, «viaje», tiene también el significado de trabajo, y se utilizaba con frecuencia en ese sentido en los primeros tiempos de la masonería.

Siempre ha sido usado en este sentido por los Shakers, que hablan de 'viajar en el evangelio', 'viajar fuera del pecado', etc. Encuentro en un libro sobre el shakerismo, publicado hace cien años, el 'trabajo' de la masonería comparado con el 'trabajo' shaker. El Reglamento de Ratisbona, 41, publicado en *The Builder* de septiembre, dice así: «Ningún Maestro hará parlero a ningún trabajador, aunque haya cumplido su período como Aprendiz, pero que no haya viajado al menos un año».

Hay una curiosa analogía en el doble significado de la palabra «viaje», derivada del francés «jour», un día. Llegó a significar un día de viaje, o un día de trabajo. En masonería, un oficial era un hombre que trabajaba por días, no un viajante. Nuestros antiguos hermanos operarios daban mucha importancia al jornal. Así figura en el tercer Reglamento de Ratisbona: «Se mantendrán los jornales y en ningún caso se utilizará el sistema de contratas». Esta insistencia en el sistema de trabajo a jornal, y en las reglas a favor del «jornalero» o trabajador a jornal, en distinción del trabajador contratado, arroja una interesante luz lateral sobre uno de los Grados Capitulares.

El Reglamento 25 de Ratisbona comienza así: «Aunque un artesano haya viajado y trabajado como cantero, y haya avanzado en la orden, no debe ser aceptado como Maestro si esta experiencia es inferior a dos años». Aquí «viajaba» puede significar «servía como jornalero» o «pasaba de un lugar a otro». El bien conocido doble significado de la antigua palabra «granizo», que a veces significa dar la bienvenida y a veces ocultar, es un interesante paralelismo. Esto tiene poca importancia para la publicación, pero puede interesar por un momento.

Fraternalmente
Harlow H. Ballard, 33º Hon., Mass.

DÓNDE

Estimado Hermano Editor: - Después de leer la carta del Hermano Arthur B. Rugg, de Minneapolis, titulada «La Realización de la Verdad», a uno le resulta bastante difícil decidir si el Hermano Rugg pone o no el sello de su aprobación a *La Gran Obra*. Al igual que usted, Hermano Editor, no soy de los que consideran una diferencia de opinión como un insulto personal. Sin embargo, el hermano Rugg parece haber tomado la masonería, la Gran Escuela, el cristianismo y Mary Baker Eddy, y haberlos enredado de tal manera que resulta casi imposible distinguir el punto al que se dirige. Por ejemplo, dice «La cuestión no sería la demostración de una vida futura, sino la realización de la verdad de la continuidad de la vida.» ¿No podemos preguntarnos adónde conduce esta discusión?

Fraternalmente,
Alwyn Vickers, Alabama

FE LOS UNOS EN LOS OTROS

Querido hermano: - ¿Cuáles son los elementos esenciales del éxito en la consecución de los ideales de la Francmasonería por parte del masón serio? En respuesta a ello, y a modo de ilustración, el siguiente consejo, sugerencia o indicio del Hermano George W. Kendrick, Ex Gran Maestro de Pensilvania, será una valiosa guía:

"Los hombres ya no se unen en nuestra Fraternidad para erigir estructuras físicas para vencer a los enemigos físicos. La luz que seguimos conduce a una visión más aguda, a una mejor comprensión y a una expresión más noble de las facultades humanas. Los materiales con los que trabajamos son elementos constitutivos de todo ser humano, y nuestro propósito es aprender a utilizar los materiales para construir templos de la mente y del alma que sean agradables a los ojos del Gran Arquitecto. Para este trabajo, ciertos elementos esenciales son previos al éxito. Debemos tener fe los unos en los otros; confianza en el éxito de nuestros esfuerzos siempre que estén bien dirigidos, y debemos desechar todo odio y toda falta de caridad. Constituidos como estamos, nos esforzamos siempre por alcanzar lo mejor y lo más elevado, sin confinarnos a ningún credo ni atarnos a ninguna línea política o social. Nuestra fuerza es mayor y nuestras oportunidades para el bien son más numerosas, y por lo tanto nuestras responsabilidades más pesadas, en tiempos como estos, cuando la sospecha acecha en cada esquina, lista para ser arrastrada por los vientos de la ignorancia y el descontento para sacudir los cimientos de la confianza en la mayor obra de Dios: el Hombre."

Atentamente,
John C. Yorston, Filadelfia

QUIÉN ES QUIÉN

Querido Hermano Newton: - Como base para ciertas investigaciones históricas me parece que debería hacerse un directorio de todos los masones distinguidos en este país antes de una fecha determinada, lo más cerca que se pueda descubrir. Debe hacerse a partir de los antiguos registros de la Logia, y los nombres recogidos deben ordenarse alfabéticamente. El registro debe indicar el nombre, el registro de la logia y las fechas. El hecho de que no se encuentre un nombre determinado no es una prueba concluyente de que no fuera masón, pero el hecho de encontrar un nombre registrado es una prueba de que era miembro de la Orden. No hay duda de que la afiliación masónica se ha utilizado como medio de influencia en los asuntos gubernamentales.

Hace poco usted afirmó que Thomas Paine no era masón, y sólo el día antes de que yo leyera su declaración, un admirador de Paine afirmó con la misma rotundidad que Paine era masón. Este admirador de Paine era hijo de un clérigo inglés nacido a principios del siglo pasado. No sé en qué se basan estas afirmaciones, pero en este tipo de asuntos debemos recordar que antiguamente los registros no se llevaban bien y que los títulos se otorgaban a la ligera. Además, aunque Paine no fuera masón en este país, es posible que se uniera a la Orden en Francia.

Atentamente, H. B. Hemenway, Illinois

La base de nuestra afirmación de que Paine no era masón fue la declaración positiva en ese sentido en más de una de sus biografías. Mackey también es explícito al respecto. La idea de que era masón se debe probablemente al hecho de que escribió un ensayo sobre la masonería, pero el ensayo, aunque ingenioso en su argumentación, delata una gran incomprensión de la Orden. Aun así, es posible que se uniera a la Fraternidad en Francia después de escribir su ensayo, y si hay algún registro o prueba de esa afirmación nos alegrará mucho saberlo. La sugerencia del Dr. Hemenway es buena, especialmente en lo que se refiere a hombres distinguidos -nuestros Presidentes, por ejemplo-, de algunos de los cuales se dice que fueron masones, mientras que otros niegan, o no tienen pruebas, de que lo fueran.

El Editor

LA CUERDA

Hermano editor: ¿No puedo llamar la atención de los Hermanos sobre la siguiente historia de la sirga de cable, tal como se encuentra en *The Signs and Symbols of Primordial Man*, de Albert Churchward? No hay duda de que usted está familiarizado con él, pero será de interés para muchos, ya que muestra hasta qué punto se remonta el cable de remolque, y también como lo que sugiere que no hemos considerado el significado de lo que es una de las primeras cosas que nos encontramos en la masonería. Seguramente has empezado por el principio, y tu discusión sobre el remolque de cable hace que uno se dé cuenta de lo mucho que hay de interesante e importante en las primeras cosas sencillas del oficio. El pasaje de Churchward es el siguiente:

¿Cuántos miembros de nuestra Fraternidad conocen la verdadera importancia y el significado de la Cuerda? Originalmente era una cadena o cuerda de algún tipo, que llevaban los iniciados, o los que estaban a punto de ser iniciados, para significar su creencia en Dios y su dependencia de Él, y sus obligaciones solemnes de someterse y dedicarse a Su voluntad y servicio; y el hecho de que no esté desnudo ni vestido es un emblema de que no está tutelado -un mero hijo de la naturaleza-, no regenerado y desprovisto de cualquier conocimiento del Dios árbol, así como desprovisto de las comodidades de la vida. Este es el estado en el que nos encontramos como candidatos. Los druidas y los egipcios utilizaban la cadena como simbolismo, como ya se ha dicho. También que estaba siendo conducido de las tinieblas a la luz, de la ignorancia al conocimiento del único Dios vivo y verdadero, Creador y Juez de todos. Que la soga aparezca alrededor del cuello de más de uno en estas escenas -siete en algunas- es solo un símbolo de 'los siete poderes' como 'las siete cuerdas', y cada uno de los tejedores de estas representa uno de los siete atributos de Horus I en sus deberes sacerdotales. Originalmente era uno solo el que se asociaba con Horus I. y Amsu: el Horus resucitado u Horus del Espíritu. Horus, tras haber sido conducido o atravesado peligros, dificultades, oscuridad y muerte en el inframundo, emergió como Amsu, el primer dios-hombre resucitado, y atado a su corona de dos plumas -que denota las dos vidas, terrenal y espiritual- está este cable o cuerda, como símbolo de que es un «poder» que le ha conducido de la vida terrenal a la espiritual.

Fraternalmente
David Duncan, California

EL FUTURO DE LA MASONERÍA

Si la masonería ha de ser un factor en la creación de un futuro noble para nuestra raza, no debemos contentarnos con aprender sólo las verdades del pasado muerto, también debemos dominar el conocimiento del presente vivo. Debemos demostrar que somos «hijos de la Luz» y asimilar en nuestro trabajo de logia las verdades del pensamiento y la investigación modernos. Una institución que sólo se apoya en su pasado es una momia, no un cuerpo vivo. Aquel que hace de la masonería una realidad viva y operativa en el mundo es el verdadero masón.

Masonería especulativa de A. S. Macbride

EN UN RINCÓN
DE LA BIBLIOTECA

LOS JUDÍOS Y LA MASONERÍA

QUIENES no hayan visto el folleto titulado *Los judíos y la masonería en los Estados Unidos antes de 1810*, de Samuel Oppenheim, una reimpresión de las publicaciones de la American Jewish Historical Society, lo encontrarán sumamente interesante y valioso. El autor, aunque no es masón, nos ha proporcionado un excelente trabajo de investigación histórica, abordando, en primer lugar y brevemente, la relación de los judíos con la masonería en general, y luego trazando la presencia e influencia de los hermanos judíos en los primeros días de cada una de las Grandes Jurisdicciones del país. A modo de texto, cita las palabras del rabino Isaac Wise:

> La masonería es una institución judía cuya historia, grados, cargos, contraseñas y explicaciones son judíos de principio a fin, con la excepción de un solo grado parcial y unas pocas palabras en la obligación. La belleza y el orgullo de la masonería es su carácter universal, su tendencia a fraternizar a la humanidad, y el estar libre de los elementos que han sido siempre las causas eficientes del odio, la persecución, el fraude y la ruda barbarie.

Volviendo a Massachusetts, encontramos un muy buen esbozo de la vida y servicios masónicos de Moses Michael Hays -a veces deletreado Hayes- quien, como diputado de Francken y Morin, trajo el Rito de Perfección al viejo Estado de la Bahía. Según este relato, fue un hombre gentil y noble, de buen carácter, de hermosa vida hogareña, dedicado a los intereses de la Francmasonería; aunque después de su muerte, y debido al prejuicio contra su raza utilizado por fanáticos antimasónicos -siempre expertos en asuntos de prejuicio- su buen nombre fue atacado. Sin embargo, fue Gran Maestro de Massachusetts, Paul Revere sirvió como diputado bajo su mando, y tiene derecho a todos los honores que pertenecen a la memoria de un buen hombre y masón.

Pasando a Rhode Island, encontramos que el autor presenta un caso bastante bueno a favor de ese borroso, maltratado y muy debatido trozo de papel que registra una tradición que ronda los anales de esa Gran Jurisdicción, en el sentido de que la masonería fue llevada a la Isla en 1658; es decir, mucho antes del «renacimiento» de la masonería en 1717. El trozo de papel dice lo siguiente, hasta donde puede leerse:

Este (día y mes borrados) de 1658 nos reunimos en la Casa de Mordecai Campunall y después de la Sinagoga le dimos a Abm Moses los grados de la masonería.

En su mayor parte, los historiadores masónicos han prestado escasa atención a este documento, como hace el Gran Maestro Johnson en su estudio sobre la historia temprana y el establecimiento de la masonería en América; pero el argumento de Oppenheim es digno de mención.

En cualquier caso, compensa, en cierta medida, los argumentos en contra, como que sólo había un grado en la masonería de la época - sobre lo que nadie puede ser dogmático- y otros puntos por el estilo. Para los detalles de la discusión, debemos remitir a nuestros lectores al pequeño libro que nos ocupa. A lo largo de todo el ensayo, el autor es cuidadoso en dar sus autoridades, y su ensayo es valioso porque muestra cuán temprano y cuán profundamente se interesaron nuestros hermanos judíos por la masonería en América.

MASONERÍA Y MÚSICA

Estuvo de acuerdo con el uso antiguo, y con la eterna conveniencia de las cosas, que la Gran Logia de Illinois publicara su bien editado y prolijamente encuadernado libro de «*Odas apropiadas para uso en el trabajo masónico*», acerca del cual el Hermano Isaac Cutter, Gran Secretario, Camp Point, III. puede suministrar información. Decimos que está de acuerdo con la antigua costumbre, porque los masones de antaño solían cantar mucho, especialmente en tiempos de fiesta y juego; y tenían muchos de esos tiempos de fiesta y diversión -lo que demuestra que nuestros masones de hoy en día están bien descendidos- como atestiguan las colecciones de sus canciones que se conservan hasta nuestros días. De hecho, un estudioso, buscando el origen de la palabra masón, la ha remontado a la palabra «mesa». Tal vez su derivación no pase la prueba; no importa, sirve para mostrar la diversión y el jolgorio que marcaban la vida social de la antigua masonería.

El objetivo de la Gran Logia de Illinois es enriquecer el trabajo ritual de la masonería con un uso más liberal de la música apropiada, y su propósito es tan sabio como digno. Hay mucho en la masonería que ninguna palabra, ningún símbolo puede expresar, y que sólo la música, la más infinita de todas las artes, puede expresar; mucho de ese misticismo dulce y eterno que es como la fragancia de la Patria del alma; y necesitamos hacer un uso mejor y más sabio del único arte que lleva al alma fuera de las sombras del Tiempo a la luz de la Eternidad, ese santo sacramento del canto por el cual las cosas inaudibles pueden ser conocidas y amadas. El advenimiento de grandes órganos de templo en nuestros templos demuestra esta profunda necesidad, y predice el ministerio superior de la Música en la masonería del futuro.

LAS ABEJAS OBRERAS

Si nuestros lectores no conocen la obra de Fabre, a quien Maeterlinck llamaba el Homero de los insectos, ahora es el momento de entablar amistad con una de las almas más sabias, dulces y grandes de esta o de cualquier otra época. Su biografía, de Legros, es un volumen de páginas brillantes, vitalizadas por mil toques humanos que evocan risas y lágrimas, con aquí y allá, como rápidos destellos de luces espirituales, pasajes que envían un rayo de luz al profundo misterio del mundo. Detrás y dentro de ella hay un alma humana tan simple, tan sin arte, tan inconsciente de su grandeza, tan inolvidablemente encantadora, y un genio tan raro, sin duda, como nunca el mundo redondo ha visto. Quienes han leído sus abejas obreras, sus estudios sobre la mosca, la araña y las pequeñas poblaciones blandas de la hierba, pueden atestiguar un nuevo sentido de la infinita ingenuidad de la Naturaleza; de Dios primero, Dios último, Dios infinitesimalmente vasto. Cuando haya pasado mucho tiempo y la horrible guerra se haya convertido en un triste eco en el mundo, el nombre de Fabre seguirá brillando como una estrella blanca.

PREGUNTAS Y DEBATES

En el número de junio de la *Masonic Journal of South Africa* leí un discurso suyo sobre el ministerio de la masonería, en el que hace referencia a una descripción de la iniciación de un masón por el conde Tolstoi. ¿No puede dar la referencia más específicamente?

H.K.B.

Se encuentra en *Guerra y Paz*, de Tolstoi -un libro cuya lectura hará vívidas las grandes batallas que ahora se libran en el este-, pero como esa prodigiosa novela se publica en muchas ediciones, darles las páginas serviría de poco. Sin embargo, puede encontrarlo en el capítulo 2 de la quinta parte.

* * *

Mi querido hermano: Soy un anciano, y encuentro que crece en mí un sentimiento -no digo un miedo- de que cuando mi cuerpo se disuelva en la muerte mi mente también se fundirá en el todo universal y perderá su identidad. ¿Es ésta una experiencia común?

H.L.P.

En efecto, sí; tal vez debido a la disminución natural de la vitalidad, y una disminución de los pulsos de la vida. Sin embargo, no hay ninguna razón para pensar así. Toda analogía de la naturaleza, hasta donde podemos ver, tiende en otra dirección. Ningún átomo se pierde, como sabemos ahora, ni ningún elemento puede transformarse en otro. El agua puede separarse en oxígeno e hidrógeno, pero ninguno de los dos gases pierde su identidad o deja de serlo. El hidrógeno resiste todos los cambios. La fuerza tampoco puede ser destruida, y esto debe ser cierto para la fuerza -si es que existe- que llamamos mente. Cuando Emerson murió, no se destruyó ni un átomo de su cuerpo, ni un solo elemento perdió su identidad. ¿Por qué temer o sentir que su mente grande y pura, entre cuyas blancas sombras los hombres veían la verdad como el rostro de Dios, se disipara y se perdiera? Todos los hechos que conocemos nos dicen que tal sentimiento carece de base, salvo, como hemos dicho, en condiciones físicas.

* * *

En su libro *The Builders*, usted se extraña de que Santo Tomás, patrón de la arquitectura, no sea honrado por los masones junto con los dos santos Juanes. No he podido encontrar ninguna base para afirmar que Tomás era, o es, el patrón de la arquitectura. ¿Cuál es su autoridad?

W.W.H.

Se basa en una hermosa leyenda, nunca mejor contada que por E. A. Green, en su *Saints and their Symbols* (Los santos y sus símbolos), como sigue. Cuando Tomás estaba en Cesarea, se le mostró en una visión que debía ir a Gondoforo, rey de las Indias, en busca de hábiles constructores para erigir el palacio más hermoso jamás visto. Obedeció, y el rey lo recibió de buen grado, proporcionándole arquitectos y dinero. Entonces el rey se marchó durante dos años. Cuando se fue, Thomas gastó el dinero en obras de caridad. El rey regresó, y se enfadó tanto que arrojó al Santo a un calabozo, con la intención de idear para él alguna muerte horrible. Pero el hermano del rey murió, y cuatro días después se apareció al rey y le dijo que había visto un palacio resplandeciente que Tomás había construido para él en el cielo. Entonces el rey liberó al Santo. Es en referencia a esta leyenda, que es tan antigua, casi, como la iglesia, que Thorwaldsen cuando hizo su estatua de Santo Tomás, ahora en Copenhague, lo reveló con una regla cuadrada en la mano - el Santo de los Constructores.

* * *

Recientemente un Hermano visitante fue examinado por un comité de nuestra Logia, y demostró ser muy competente, según se informó, excepto que no podía dar la Palabra Masónica, que según dijo le fue comunicada en voz tan baja que no podía oírla. El Maestro se negó a admitirlo, lo que dio lugar a una discusión posterior, y yo se la planteo.

C.G.C.

El Maestro, por supuesto, estaba en su derecho, pero es una regla, creemos, que ninguna cosa tomada por sí misma debe ser una prueba de si un hombre ha recibido los grados de la masonería. Es muy posible que el Hermano tuviera razón al decir que la palabra le fue susurrada en voz tan baja que no pudo entenderla; hemos conocido casos así. Además, es una palabra desconocida en un idioma diferente, y podría resbalar de la mente. Si el Hermano hubiera sido importador, habría tenido la palabra, o algo muy parecido.

* * *

¿Qué relación con un masón debe tener una mujer para otorgarle el privilegio de llevar un emblema masónico? Si el privilegio recae en una esposa, viuda, madre, hermana, hija, ¿lo conserva la hija después de casarse con un hombre que no es masón? Del mismo modo, ¿tiene el privilegio la madre de un masón si su padre aún vive y no es masón? ¿Es válida la regla para el Capítulo, la Comandería y el Rito Escocés?

P.G.M.

La costumbre de extender la protección y la cortesía de la camaradería masónica a las damas de los masones, aunque no es una cuestión de legislación -hasta donde sabemos- es tan hermosa como útil. Se obtiene en todos los Ritos de la Orden, y no vemos ninguna razón por la que una hija deba perder su privilegio casándose con un no masón, si se preocupa de invocarlo. Tal y como están las cosas, la caballerosidad no se practica lo suficiente entre nosotros, especialmente en el Norte y el Oeste, y esta costumbre forma parte de la caballerosidad de la Orden.

* * *

En 1866, el Estado de Luisiana emitió, con fines de recaudación, dos sellos de Lotería por valor de 7 1/2 y 12 1/2 céntimos; el primero de los cuales tiene, como característica más destacada, la escuadra masónica, el compás y la letra G. ¿Por qué y con qué autoridad se utilizó el emblema masónico?

W.I.M.

El Hermano Richard Lambert, a quien remitimos esta investigación, dice que, hasta donde muestran las Actas de la Gran Logia de Luisiana, de la cual él es Gran Secretario, no había autoridad masónica para tal uso de los emblemas. Recuerda que en aquella época todo el estado estaba en manos de los negros -el Gobernador y la Legislatura eran de ese color- y cree que la logia de negros podría haber concedido el privilegio. El Hermano Lambert, cuya dirección es Masonic Temple, Nueva Orleans, agradecería al Hermano Mitchell que le dejara ver el sello.

LA CUERDA

En cuanto a la pregunta sobre la Cuerda, puede interesar a los Hermanos saber que no tiene ningún significado simbólico en las Logias inglesas, donde sólo se utiliza en el primer grado, cuando sólo se explica su uso físico.

E.E. Murray, Montana.

¿No podría ser la Cuerda un símbolo de esa cuerda moral por la que un aprendiz es elevado al plano en el que se supone que se encuentra el Compañero? ¿Y en el grado de Compañero no podría ser un símbolo de refuerzo, un escudo, una fuerza añadida, para ayudar a los Obreros a transformar la piedra bruta en una perfecta? Sugeriría que construyamos nuestra propia Cuerda, utilizando el honor, la

verdad, la justicia, la castidad y la caridad como sus eslabones; for-
jándola de manera verdadera y fuerte, y luego soldando esta Cuerda
mística a nuestros corazones, anclémosla firmemente a Dios, al Hogar y al País.

- J.H. Jones, Iowa.

Pero la Cuerda es algo ya tejido, por el cual somos introducidos en
la Logia, y por el cual podemos ser sacados si no somos dignos, o no
estamos dispuestos a continuar. ¿Qué es lo que hay en un hombre
que lo atrae hacia la masonería, y que, más tarde, se convierte en la
medida de su obligación cuando jura hacer ciertas cosas si están dentro del alcance de su cuerda? He aquí algo muy maravilloso, si pen-
samos en ello, y digno de profunda reflexión.

* * *

EL 47º PROBLEMA

En mi opinión, el simbolismo del problema 47 de Euclides es el
siguiente: El problema demuestra que en la construcción de un edificio hay ciertas leyes inalterables que rigen el resultado. Si estas leyes
se desvían lo más mínimo, el resultado será culpable. Cada hombre
es el arquitecto de su propio destino. Para obtener un logro deseado
y puro, deben emplearse los medios adecuados. No se haga ilusiones.
Las leyes que rigen la conducta son tan inviolables como las leyes de
Euclides.

E. E. Murray, Montana.

Permíteme sugerir como el cateto más largo del triángulo pitagóri-
co, la Caridad. La conciencia dice «Debería». Pero la conciencia puede estar tristemente deformada por la educación. La caridad, siendo
el aliento mismo del Espíritu de Dios que está en todo hombre, revela infaliblemente la verdad.

De ahí que la Conciencia, guiada por la Caridad, no pueda equi-
vocarse. Y quien a una conciencia cuadrada añade una caridad cuadrada (que nunca falla) vivirá en la cuadratura con Dios, con su
prójimo y consigo mismo.

A. S. Harriman, Gran Conferenciante, Vermont

Tomemos el cuadrado de la hipotenusa como representación de nuestro deber para con Dios, el cuadrado de la base como nuestro deber para con el prójimo y el cuadrado de la altitud como nuestro deber para con nosotros mismos. Que la base signifique Conciencia, un lado del cuadrado Razón - la altitud Intelecto, y un lado de su cuadrado Sentimiento. Así, la Conciencia actuada por la Razón da como resultado el cumplimiento de nuestro deber para con el prójimo. El intelecto actuado por el Sentimiento resulta en el cumplimiento de nuestro deber para con nosotros mismos. Pero en el fiel cumplimiento de nuestro deber para con el prójimo y para con nosotros mismos, no podemos dejar de cumplir nuestro deber para con Dios. Por lo tanto, nuestro deber para con Dios necesita esencialmente y encarna el cumplimiento concienzudo de nuestros diversos deberes para con el prójimo y para con nosotros mismos.

Leland Kress, Iowa.

* * *

Hace años leí un libro titulado *El bebé de Ginx*, y a menudo he querido saber quién lo escribió. Tal vez puedas decírmelo. -

Con mucho gusto. *El bebé de Ginx, su nacimiento y otras desgracias*, fue escrito por Edward Jenkins, hijo de un ministro canadiense, fallecido el año pasado en Upper Norwood, Inglaterra. Escribió otros libros, uno de los que atrajo cierta atención fue *Little Hodge*; pero ninguno igualó la fama de *El bebé de Ginx*, del que se hicieron sesenta y seis ediciones en pocos años. Nuestro ejemplar es la undécima edición americana. Es una de las sátiras más agudas jamás escritas sobre el sectarismo y su locura cuando se aplica a las obras de caridad.

* * *

¿Sería tan amable de contarme algo de la historia personal de Edward Waite, el autor de la *Tradición secreta en la masonería*? He buscado en vano material sobre él.

W.L.J.

En uno de los primeros números de *The Builder* publicaremos una semblanza y una apreciación del Hermano Waite -un honorable y querido amigo- como introducción a una de las conferencias más fructíferas y sugestivas sobre masonería que recordamos haber leído jamás. Si nuestro Hermano espera un poco, recibirá más de lo que podríamos darle en un breve espacio.

* * *

No estoy del todo satisfecho con lo que se ha dicho, ni por el Prof. Pound ni por la Sra. Roome, sobre Pike y sus tropas indias. Tras leer los informes militares de la batalla de Pea Ridge, de ambos bandos, me parece que Pike calculó mal su capacidad para contener la fuerza que había reunido. Esto no le desacredita, sobre todo cuando iba en contra de su criterio.

O.H.N.

Evidentemente, se trata de una cuestión demasiado amplia para el espacio que ocupamos aquí, pero el Hermano encontrará nuevo material sobre el tema en un volumen titulado *The American Indian as a Slave Holder and Secessionist* (*El indio americano como esclavista y secesionista*), de A. H. Able, publicado por Arthur H. Clark Co., Cleveland. Trata no sólo de la cuestión aquí planteada, sino de toda la historia de la política india del gobierno confederado.

ARTÍCULOS DE INTERÉS

El culto del disco solar, por H. R. Evans. La Nueva Era.

Freemasonry as a Means of Preserving the Peace of the World, por Sir Gilbert Parker. Francmasón de Londres.

The Scriptural References in our Ritual, por J. Young. Transactions Lodge of Research, Leicester, Inglaterra.

G. F. Fort. por A. E. Bear. Miscellanea Latomorum, Londres.

La Gran Logia de Virginia, por J. L. Carson. Revista Masónica de Virginia. El 47° problema de Euclides, por F. C. Higgins. Estandarte Masónico.

De la despedida de soltera al altar nupcial. Revista del Consistorio Oriental.

LIBROS RECIBIDOS

Los judíos y la masonería en Estados Unidos antes de 1810, por Samuel Oppenheim. Bloch Pub. Co., 40 East 14th St., Nueva York.

Odas para el trabajo masónico. Gran Logia de Illinois.

La Fraternidad Acacia, por W. F. Cleveland. Biblioteca Masónica de Iowa. *Let There be Light,* por George B. Winslow, Gran Maestro, Kentucky. Miscellanea Latomorum, Vol. 2, Londres.

La versión autorizada de la Biblia y su influencia, por A. S. Cook. G.P. Putnam's Sons, Nueva York.

Cuando un hombre vuelve en sí, de Woodrow Wilson. Harper & Brothers, Nueva York. *Fabre, poeta de la ciencia,* por C. V. Legros. Century Co., Nueva York.

Goethe, por Paul Carus. Open Court Pub. Co., Chicago. *Mitraísmo,* por W. J. P. Adams. Open Court Pub. Co., Chicago.

MASONICA

Publishers of the Ancient Craft